エンスパ編集部

トラリピ運用の教科書 入門編

～毎日が財産になる～

扶桑社

はじめに

「トラリピってこんなにいいものなのに、なんで広まっていないんですか？」

これは、あるトラリピユーザーからの言葉です。

FXの取引手法の一つである「トラリピ」の魅力を一人でも多くの方に知っていただきたく、エンスパ編集部は改めてマネースクエアに取材を実施して、この本の制作が始まりました。

本書を手にした方は、これから始めようと投資・資産運用に興味を持たれているか、もしくはすでにFXや株式投資などの資産運用をされている方だと思います。
「資産運用」と聞いて、どのようなイメージをお持ちでしょうか？

この30年、「日本の給料は上がっていない」ということがたびたび報じられてきました。
また、金融庁の「老後30年間で約2000万円が不足する」という試算を発端に世間で議論を巻き起こした「老後2000万円問題」は将来不安の一因となっています。

さらに、2022年頃からは物価上昇（インフレ）のリスクを意識し始めているのではないでしょうか。

円安・インフレの時代に保有している金融資産が預金に片寄っていると、持っているお金の価値は目減りしてしまいます。
これからは資産運用の必要性がますます高まり、それに伴い、資産運用や金融・経済への正しい知識である金融リテラシーが一層求められる時代となっていきます。

また、皆さんは「FX」について、どのようなイメージを持っていますか？

「素人が始めると、損をしてしまうのではないか…」

そのような「怖い」「難しそう」といったイメージから、なかなか手を出せずにいる人も多いかもしれません。
しかし、それはFXをよく知らない人にありがちな間違ったイメージです。

本書を読めば、「FXはどのようなものか」、「トラリピ運用の中でFXをどのように活用していけばよいのか」がわかるようになります。
そして、将来不安やお金に関する悩みなど、トラリピ運用でどのような問題が解決できるかもわかってくると思います。

本書は、会社員として働くものの今の収入に満足できず、将来に対する不安から「美味しいものを食べたり、旅行にも行きたい」という“フツー”の望みも我慢している金田さんが資産運用に目覚め、“トラリピ先生”に教わりながら成長していくストーリーになっています。

トラリピ先生

金田さん

本書を読み終わったころには、投資初心者でもFXや資産運用に関する知識が身につき、さらには「トラリピ運用」への理解も深まっていることでしょう。
皆さんも金田さんと一緒に、一歩一歩、成長していきましょう！

トラリピ運用の教科書 入門編

CONTENTS

Lesson 5

Lesson 6

Lesson 7

トラリピの実践的戦略「ハーフ&ハーフ戦略」

Lesson 8

負けない運用のための「リスク管理」

本書は投資の参考となる情報提供を目的としております。投資の結果に対する責任は一切負いません。投資にあたっては、金融機関の契約締結前説明書をよく読み、内容を理解したうえで、意思決定、最終判断はご自身の責任でお願いいたします。本書の内容は2022年12月26日時点のものであり、予告なく変更される場合もあります。また、本書の内容には正確を期すよう努力を払いましたが、万が一誤り、脱落等がありましても、その責任は負いかねますのでご了承ください。

Lesson 1

もう1つのキャッシュフローを作ろう

インフレや円安で物価が上がっても、給料だけは上がらない日本。
もう「公的年金だけに頼った将来設計」では、資金不足に陥る
可能性があります。では、老後＝セカンドライフを豊かにする
には、どうすればいいのでしょうか？
それには年金とは別の「収入の柱」を作ることが必要で、
そのためには今から「資産運用」を始めることも
有効な対策になります。
本章ではまず、将来設計と資産運用について理解を深めましょう。

30年も給料が増えていない日本

はぁ…給料は全然増えないし、物価は上がるし、
欲しいブランド品も買えないなあ…。
老後には2000万円も必要だっていうし、
そんなに貯めることできないよ…。

金田さん、なんだか悩んでいますね。
どうしたんですか？

あ、トラリピ先生！最近、「日本はこの30年で給料がほとんど上がっていない」っていうニュースを見たんです。
これって本当ですか？

そうですね。OECD（経済協力開発機構）の調査によると、1990年から2020年までの30年間で先進国の平均賃金は年々上がり続け大きく伸びているのに、日本はほとんど横ばいだったことがわかっています。

各国の平均年間賃金

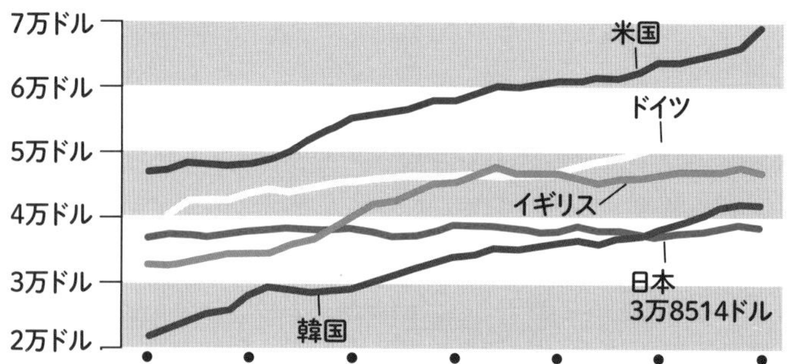

出所：OECDのデータから作成

アメリカは1990年4万6975ドル→2020年6万9392ドルと2万ドル以上も伸びていますし、韓国も1990年2万1830ドル→2020年4万1960ドルと2万ドル以上伸びています。
実は日本は2015年に韓国に抜かれているんですよ。

え〜、なんで日本はこんなに給料が増えないんですか？

いろいろな理由が考えられますが、日本経済が成長していないことが大きな理由でしょう。
それに、2022年からは世界的にインフレが起き、日本でも物価が上がり始めていますよね。

そう、給料は増えないのに物価だけ上がって、
欲しいものも買えないんです！
それに今の生活だけでも大変なのに、
老後には2000万円必要だっていうし…。
給料以外にも収入が欲しいなあ。

老後=セカンドライフを豊かにするには?

金田さんが悩んでいる「老後2000万円問題」について、少し見てみましょう。実は「老後2000万円問題」には前提があって、

- **年金などで毎月約21万円の収入がある**
- **生活費は26.5万円かかる**
- **差額の約5.5万円が毎月足りない**
- **夫65歳・妻60歳の無職世帯が30年間、95歳・90歳まで生きる**

ということを想定したものです。

「老後2000万円問題」とは？

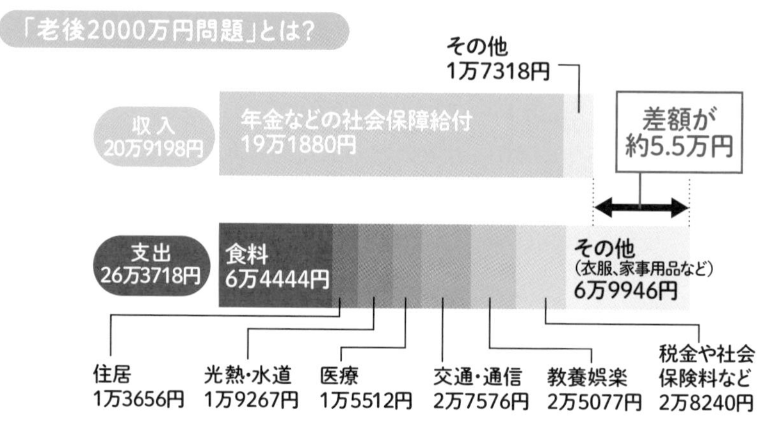

出所：総務省「家計調査」をもとに作成

年金の範囲内で生活できていればそれほど心配はないのですが、毎月約5.5万円不足する生活が30年続き、その合計額の目安が「2000万円」というわけです。◀5.5万円×12か月×30年＝1980万円

年金額が少ない人や住宅ローンを返し終わっていない人、これより生活費がかかるような人はもっと準備しないといけないんですね。
年に１回くらいは旅行にも行きたいし、もっと必要かも。

そうですね。人によって必要な額は異なります。
ただ一つ言えるのは、このような「**公的年金だけに頼った将来設計」では資金不足に陥る可能性がある**ということです。
そこで、老後＝セカンドライフを豊かに暮らすためには、2つの考え方が必要になります。それは、

❶ **将来不足する2000万円を作り、取り崩しながら暮らす**
❷ **年金以外の「収入の柱」を作り、月々不足する分をカバーする**

というものです。
そのためには、早いうちから「資産運用」を始めることも大切です。

豊かなセカンドライフを送る方法 1

将来不足する2000万円を作り、取り崩しながら暮らす

目標とする年間収益率は?

資産運用は興味あるなあ。
でも、本当に2000万円もの資産を作ることってできるんですか？

「どれくらいの元手が必要で、どれくらいの期間で、どれくらい増やせるか」は気になりますよね。
そこで、次の問題を考えてみてください。

問題 一般的な個人投資家が資産運用の目標として設定する年間収益率は、どれくらいが適正でしょうか？

①10%程度　②30%程度　③50%程度　④100%程度

そうだなあ…。たくさん増えるほど嬉しいけど、100%って2倍になるってことですよね？
毎年、それくらい増えたら嬉しいな。

たしかに、毎年2倍に増えていったら嬉しいですね！でも実は、投資の世界ではそれを続けるのは非常に難しいんです。

例えば、世界有数の投資家であるウォーレン・バフェットさんのパフォーマンスが「年平均22%」と言われています。

1年だけを見たらもっと増やせる人は多くいますが、これだけのパフォーマンスを50年以上も継続していくのは至難の業。
資産運用のプロが年利22%ですから、一般的な個人投資家であれば毎年「年平均10%」を達成できれば十分でしょうね。

今から2000万円を作ることは可能

え、10%でいいの⁉

「年平均10%」でも上出来なんですよ！
例えば、金田さん（26歳）が元手50万円で投資を始めたとしましょう。
毎年10%ずつ複利で増やすことができたら、39年後の65歳で2000万円を超え、49年後の75歳には5000万円を超えます。

50万円を年収益率10%で複利運用した場合

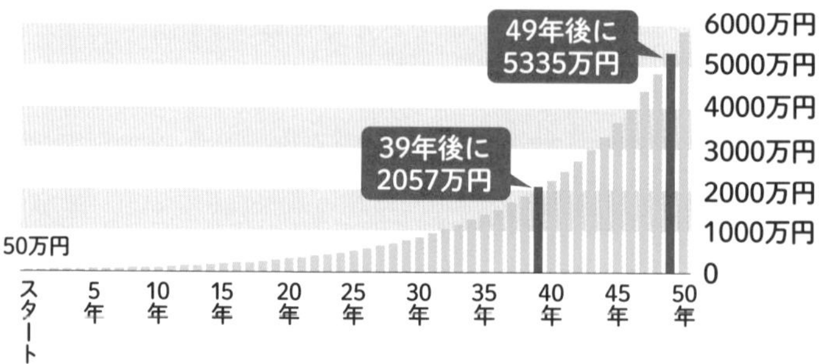

すごい！
これだけあれば、老後も心配なさそうですね！
それに50万円だったら私でも準備できそう。
でも、定年が近い人だったらどうしたらいいですか？

例えば50歳で元手500万円あったら、年利10％で複利運用すると、65歳で2000万円を超えてきます。

500万円を年収益率10％で複利運用した場合

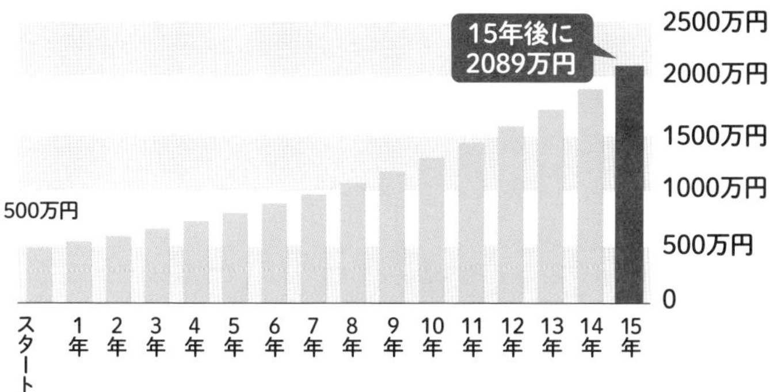

50歳からでも500万円あれば
65歳までに2000万円作れそうですね！

そうなんです。このように、**時間を味方につけて複利で増やしていけば、資産運用で大きなお金を作ることは可能**なんですよ！

複利運用と長期投資

世界有数の投資家ウォーレン・バフェットの年間収益率が22%と言われている。一般的な個人投資家は**年間収益率10%を目標**とすればよい。
元手50万円を年利10%で複利で増やすと、

- **32年で1000万円**
- **39年で2000万円**

を超える。
個人投資家が大きな資産を作るには、**時間を味方につけて、複利で運用する**ことが大切である。

複利運用の効果

ちなみにウォーレン・バフェットさんは世界長者番付の上位にもランクインする超大富豪で、資産額は14兆円以上と言われています。◀資産1000億ドル以上と推定される（2022年3月8日時点）
もし1000万円を元手に年利25%で複利で増やすことができたら、64年目には15兆円を超えるんですよ！

1000万円を年利25%で増やしたら？

年数	元利合計
スタート	10,000,000円
1年	12,500,000円
3年	19,531,250円
5年	30,517,578円
10年	93,132,257円
15年	284,217,094円
20年	867,361,738円
30年	8,077,935,669円
40年	75,231,638,453円
50年	700,649,232,162円
60年	6,525,304,467,999円
64年	15,930,919,111,325円

バフェットさんが14兆円も持っていることもすごいけど、25％で運用するとこんなに増えることに驚き！

資産運用では「**長期投資**」と「**複利運用**」がいかに大事か、わかりますね！

豊かなセカンドライフを送る方法 2

年金以外の「収入の柱」を作り、月々不足する分をカバーする

キャッシュフローを生み出す仕組みを作ろう

老後のセカンドライフに備えて、今から時間を味方にして複利運用で2000万円を作るのもいいのですが、年金とは別の「収入の柱」（キャッシュフロー）を作って、月々不足する分を補っていこうというのが、この考え方です。

老後2000万円問題は月々5.5万円不足するということでしたが、これはもらえる年金額、かかる生活費、突発的な費用などによって異なります。大事なのは、**老後も自動的にキャッシュフローを生み出す仕組みを作る**ということです。

なるほど、毎月不足してもそれ以上に収入が入ってきたら老後の心配は少なくなりそうですね！
マンションの大家さんだったら家賃収入で暮らせそうだし、あとは株の配当とか…？

そうですね。資産運用にはいろいろな商品や方法があって、不動産投資や株式投資ももちろんいいのですが、家賃収入や株の配当だけで暮らそうと思ったら大きな元手が必要になりますし、不動産は売りたいときすぐに売れるわけではないし、買いたいときもすぐに買えるわけではないですよね。
購入後も管理や維持に時間とお金が必要になりますし、そもそも空室になって家賃収入が得られない可能性もあります。

また、株式投資も専門的な財務諸表を読み込んで、日本企業だけでも3000銘柄以上の中から上がる銘柄を選び抜かなければならないですし、その会社の業界動向も深く知らなければなりません。専門的なチャート分析も必要になります。
投資初心者が利益をあげ続けることは簡単ではありません。

そっか、資金もそんなにないし、
投資初心者の私には難しそうだなあ。

心配しないでください！
詳しい理由についてはLesson2で紹介しますが、そんな人にこそ**資産運用にはFXが向いている**と私は思っています！

9割が預かり資産を増やしている「トラリピ」

資産運用や投資が広がった今でも、FXの世界は「8割の投資家が負ける」、「3年以内に9割が退場する」と言われています。

しかし、FX会社「マネースクエア」では“**資産運用型FX**”を提唱し、**顧客のおよそ9割が預かり資産を増やしている**のです。

え、９割ですか？
正直疑っちゃうな〜。

それが本当なんですよ！
2021年４月〜2022年３月までの１年間を見ると、平均91.9％の口座が毎月預かり資産を増やしているんです。

口座の預かり資産を増やしている割合

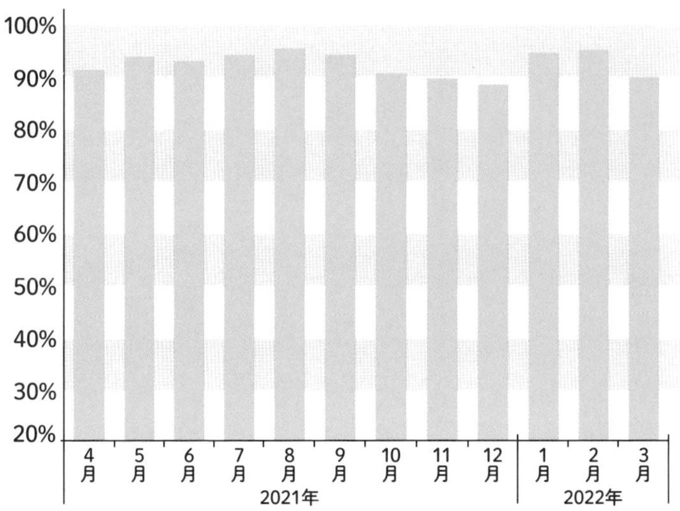

出所：マネースクエア調べ（2021年4月〜2022年3月）各月の預り残高の増加口座と減少口座は、各月ともに追加入金額と出金額を除いた証拠金残高前月比の割合（月末残高-前月末残高-入出金額の正負で判断）

そうなんだ！　すごいなあ。
なんでそんなに預かり資産が増えている人が多いんですか？

その堅実さの秘密は、マネースクエアの顧客の92.1％※が利用している「トラリピ」という注文方法にあります！

※マネースクエア調べ（2021年４月〜2022年３月）

「トラリピ」を使えば自動的に売買を繰り返してくれるので、資産運用に自信がない人ほどトラリピを活用してみるといいと考えています。

へぇ〜、すごい！　トラリピって私にもできるかな？
先生、トラリピについてもっと詳しく教えてください！

Lesson 2

為替の基本を知ろう

海外旅行に行くと実感するのが「円安」や「円高」。
どうして円安や円高が起きるのでしょうか？
また、外国為替取引でどうして儲けることができるのでしょうか？
本章では、外国為替取引やFXの基本について解説します。
FXの取引を始めるために知っておかなければならない
「レバレッジ」や「証拠金」、「ロスカット制度」など、
重要な仕組みや制度についても理解を深めていきましょう。

まずは為替の仕組みを知ろう

まず「円安」とか「円高」って言葉の基本を確認しましょう。

円をドルに交換したい人（＝ドルが欲しい人）と、ドルを円に交換したい人（＝円が欲しい人）のバランスによって円とドルの為替相場は決まってきます。

オークションなどでもそうですが、
基本的に「欲しい人」が多いほどモノの値段は上がっていくので、**ドルが欲しい人が増える**と「円安・**ドル高**」になり、
円が欲しい人が増えると「**円高**・ドル安」になります。

例えば、**1ドルが100円から110円に上がるのは、ドルの価値が上がる**ということで「**円安・ドル高**」と言います。

1ドルが100円から110円に上がるとなんとなく「円高」と思っちゃうけど、きちんと考えればドルの値段が上がって「円安・ドル高」ということがわかりますね！

そうですね。反対に1ドルが100円から90円に下がったら、ドルの価値が下がり「円高・ドル安」ということがわかりますね。

外国為替の取引で儲かる仕組み

このように、円とドルなど異なる2つの通貨を交換する取引を「外国為替取引」といいます。

例えば1ドル＝100円のときに100万円で1万ドルを買って持っていたとします。1ドル＝110円に値上がりしたときにその1万ドルを売ると、110万円になりますよね。

こうやって為替レートが変動することで、儲けたりすることができるんですよ。

持っているドルの価値が上がる（円安・ドル高）と儲かるっていうわけですね。
為替って難しいイメージがあったけど、
仕組みはすごく簡単なんですね！

相場の変動に伴って生じる売買差益を「キャピタルゲイン」といいます。FXで儲かる仕組みはわかってくれましたね。

円安・ドル高と円高・ドル安

ドルの価値が上がり円の価値が下がることを「円安・ドル高」といい、円の価値が上がりドルの価値が下がることを「円高・ドル安」という。
為替レートが変動することで、持っているドルの価値が上がったり下がったりする。このような相場の変動によって生じる売買差益のことを「キャピタルゲイン」と呼ぶ。

インカムゲインとスワップ

価格が変動することによって得られる利益を「キャピタルゲイン」というのに対し、金利や配当、不動産の家賃収入など、**資産を保有することから得られる利益**のことを「**インカムゲイン**」といいます。

銀行に預けていると預金金利をもらえるように、
FXでは「**スワップ**」◀「スワップポイント」と呼ぶこともある
がもらえることがあります。

スワップとは、簡単にいうと**2国間の金利差**のこと。
基本的には、金利の高い通貨を買うとスワップを受け取ることができ、逆に金利の高い通貨を売るとスワップを支払うことになります。

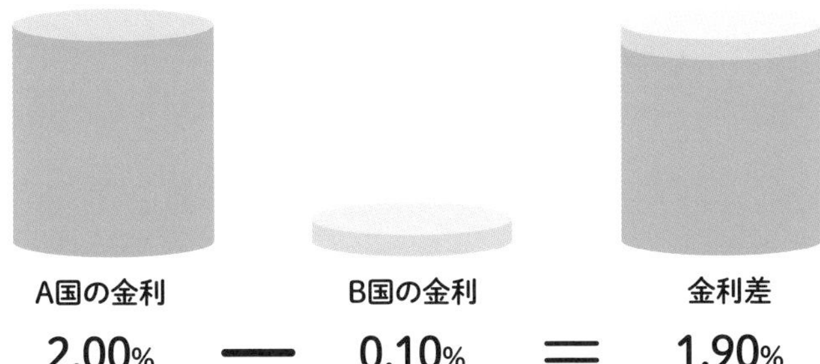

知らなかった！
取引での利益の他にもスワップで
チャリンチャリンもらえたら嬉しいな～。
そのお小遣いで欲しいものも買えちゃうかも！

大きな取引を可能にする「レバレッジ」

特に、証拠金を元手にレバレッジをかけて外国為替取引することを「外国為替証拠金取引」といい、「FX」（Foreign Exchangeの略）とも呼びます。

「レバレッジ」とは「てこの原理」のことで、少ない資金でも大きな金額の取引を可能にする仕組みです。
FXでは、証拠金の最大25倍の取引が可能です。（2022年12月時点）

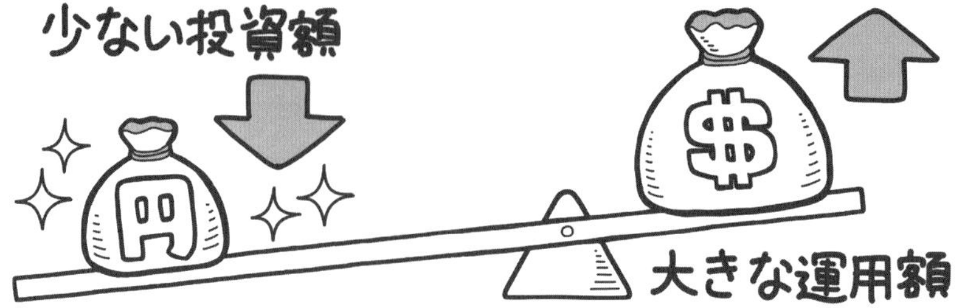

レバレッジをかけて取引をすることで
保有している資金より大きな額の売買ができる

例えば1ドル＝135円のときに1万ドル（1万通貨と言ったりもします）買おうとしたら、本来は135万円が必要になりますが、1/25の資金5万4000円で1万ドル（135万円）の取引が可能になるのです。

ちなみに、マネースクエアでは基本的に1000通貨から投資できるので、ドル/円だったら5400円あれば始められるんですよ！
（1ドル＝135円のとき）

5400円なら私にも始められそう！

FXとレバレッジ

証拠金を元手にレバレッジをかけて外国為替取引することを「外国為替証拠金取引」といい、「FX」（Foreign Exchangeの略）と呼ぶ。
レバレッジとは「てこの原理」のことで、少ない資金でも大きな金額の取引を可能にする仕組みのこと。
FXにはこのレバレッジによって、例えば1ドル＝135円のとき、5万4000円で25倍の135万円＝1万ドルの取引が可能になる。

レバレッジを使うと投資効率が高まる

レバレッジがすごいのは、それだけではありません。レバレッジを使うことで「投資効率」が高まるんです！
例えば1ドル＝100円のときに10万ドルを買って、1年後に1ドル＝110円で決済した場合を見てみましょう。
Aさんはレバレッジを利かせずに1000万円を用意して買うのに対し、Bさんはレバレッジを利かせて元手は40万円だけだったとします。

1ドル=100円のときに10万ドルを買い、1年後に1ドル=110円で決済した場合

	預けた資金	110円で決済	利益率
Aさん	1000万円	100万円の利益	10%
Bさん	40万円	100万円の利益	250%

1000万円で100万円儲かったので 100万円/1000万円×100＝10%

40万円で100万円儲かったので 100万円/40万円×100＝250%

FXの仕組みを使うことで投資効率の向上

※ ただしスワップ等は考慮していない

この場合、Aさんは1年で100万円儲かったから、利益率は10%ですね。
それに対してBさんは40万円の元手で100万円儲かったから、利益率は250%にもなるんです！(※ただし、スワップ等は考慮していない)

FXのレバレッジを使うと、
元手に対しての「投資効率」がすごくいいんですね！

レバレッジの注意点

ただし、レバレッジには注意が必要です。**予想とは反対の方向に動いたときには、預けた資金（証拠金）以上の大きな損失になってしまう可能性があるからです。**

例えば1ドル＝100円のときに10万ドル買って、1年後に1ドル＝90円で決済した場合を見てみましょう。

1ドル=100円のときに10万ドルを買い、
1年後に1ドル=90円で決済した場合

	預けた資金	110円で決済	利益率
Aさん	1000万円	-100万円	-10%
Bさん	40万円	-100万円	-250%

1000万円で100万円損したので
-100万円/1000万円×100=-10%

40万円で100万円損したので
-100万円/40万円×100＝-250%

預けた資金以上の損失を被ってしまい、
不足金が発生

※ただし、スワップ等は考慮していない

Aさんも B さんも 1 年間の投資で100万円の損失となってしまいました。
Aさんは元手1000万円ですから10%の損失でまだ余裕はありますが、B さんは元手40万円で100万円の損失となってしまい、預けた資金（証拠金）以上の損失を被ってしまうことになります。

え！　元手がなくなって、さらに損失が…。この場合、どうなってしまうの？

元手がなくなるだけでなく、60万円の不足金が発生してしまいますよね。このような事態にならないように、FXではその前に損切りされる「**ロスカット制度**」があります。

「ロスカット制度」とは?

「ロスカット」って「損切り」っていう意味ですよね？

そうです。ロスカット制度は、**投資家が意図した値動きとは逆に相場が動いた際に損失の拡大を抑制するための制度**です。
まずは「資金が一定の割合まで目減りしたとき、全ポジションを対象に反対売買（決済）が注文され、損失が確定する制度」と知っておけば大丈夫です。

マネースクエアでは「証拠金維持率」が100%を下回った場合にロスカットが行われ、全ポジションを対象に反対売買（決済）が執行され、損失が確定します。

う～ん、よくわからないなあ…。

それじゃあ、具体的に考えてみましょう。例えば1ドル＝100円のときに10万ドル（1000万円分）を買ったとします。必要証拠金は4%の40万円です。余裕をもって、元手200万円でこの投資を始めたとします。
ところが1ドル＝95円に下がると50万円の含み損が発生しますよね。
さらに1ドル＝90円に下がると、合計100万円の含み損に……。
さらに1ドル＝84円まで下がると、含み損は合計で160万円まで増えていきます。

証拠金として元手は200万円あったのに、含み損が160万円にもなってしまうんだ…。ここで損切りをしたら残るのは40万円だけ？

ロスカットされる仕組み

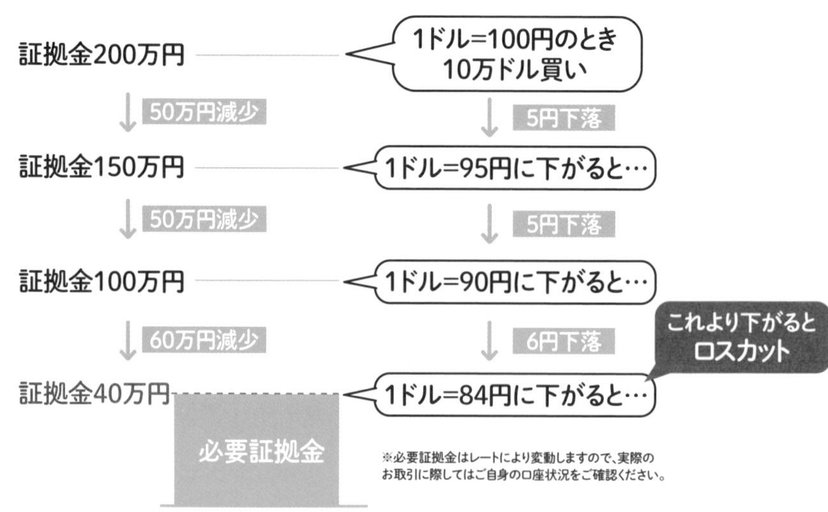

そうです。今回の投資には証拠金として40万円が必要だったのに、もっと下がったら「必要証拠金」を下回ってしまいますよね。
自分の資金が必要証拠金を下回ると自動的にポジションが反対売買されて、損失が確定する仕組みがロスカット制度です。
これによって、先ほどの例のように最悪の場合にはマイナスになってしまうことを防ぐこともできるんです。
※ロスカットは損失の限定を保証するものではありません。相場状況により預けた資産以上の損失が発生する可能性がありますのでご注意ください。

なるほどね。ロスカット制度って
無理やり損切りさせるんじゃなくて、
投資家を守るための制度なんですね。

そうなんです！ **巨額の借金を背負うことになったり、無制限に損失が膨らむようなことが起きないように、FXではこういった「投資家保護」の制度がしっかり整備されている**んですよ。

「ロスカット」に引っ掛からないためには?

できることならロスカットには
引っ掛からないようにしたいなあ。
どうしたらいいんですか？

その考え方はすごく大事ですね！
ロスカットになるということは、自分の資金力に対して、少しリスクが大きすぎるということなんですね。

その解決は大きく２つあります。

❶ ポジションを減らす
❷ 運用資金を多く用意する

「リスクコントロール」についてはLesson8で詳しく解説しますが、ここでは②について、運用資金を多く用意したらどうなるのかを見てみましょう。

まずは先ほどと同じで、元手200万円で１ドル＝100円のときに10万ドル（1000万円分）を買ったとします。この場合、1ドル＝84円より下がるとロスカットが執行されましたよね。

ところが、2011年から2021年までのドル/円の推移ですが、最安値は75.570円。つまり、過去には１ドル＝84円より下がったことがあるということです。

長期で投資するなら、「過去最安値」といった最悪の事態も想定して投資にのぞむのも一つの方法です。

では、運用資金を400万円に増やしたらどうでしょうか？

1ドル＝100円から84円に下がったとしても、含み損は160万円ですから、運用資金はまだ240万円も残っています。
もっと下がって1ドル＝74円となっても大丈夫。このとき、運用資金は140万円残っています。
1ドル＝64円になったとき、運用資金は40万円となって、ロスカット水準に達します。これよりも下がると、自動的にロスカットが執行されます。

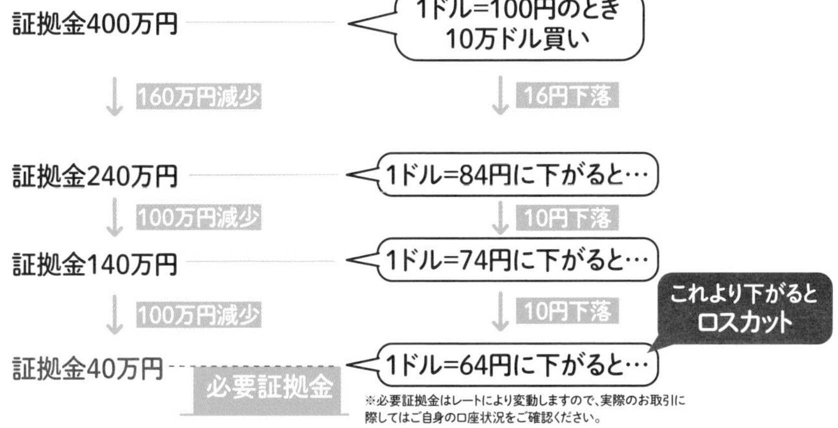

あ、1ドル＝64円というのは最安値の75.57円よりはるかに下だから、過去最安値のような事態になっても持ち続けられるってことですね！
運用資金を多めに持って投資するということは、ロスカットされる心配が減って余裕のある投資ができるっていう点でも大事なんですね！

その通りです。
ロスカットが執行されるような事態を避けるために、

- **自分の資金だとどれくらいのポジションを持てるのか計算する**
- **いくらまで下がったらロスカットされるのかを把握する**
- **ロスカットされる可能性があると思うなら、ポジションを減らすか、より多くの運用資金を用意する**

ことが大切です。

ロスカットされないためには？

レバレッジによって、少ない資金を元手に大きな金額の取引が可能になる。ただし、予想とは反対の方向に動いたときには大きな損失になりかねないので注意が必要。

「ここまで下がったらロスカットされてしまう」という水準を把握し、運用資金を多めに持って、余裕のある投資を心がけよう！

差金決済取引って何?

トラリピを解説する前に、FXの仕組みについて詳しく説明しますね。
FXの大きな特徴のひとつが「**差金**(さきん)**決済取引**」です。差金決済取引とは、相場の変動で利益が出たらその利益分だけを受け取り、損失が出たらその損失分だけを支払う取引のことです。

え、具体的にどういうこと？

じゃあ、「1ドル＝100円で10万ドルを買って、110円に値上がりした場合」を考えてみましょう。

1ドル＝100円で10万ドル買うんだから、1000万円かかって…。
次に1ドル＝110円になったら、10万ドルの価値は1100万円になっているから、100万円儲かっている状態ってことかな？

（1ドル）100円 × 10万ドル ＝1000万円

↓ 10円上昇

（1ドル）110円 × 10万ドル ＝1100万円

差額100万円

100万円を受け取る

その通り！　つまり、1000万円が1100万円に値上がりして100万円儲かって受け取ることができるというわけですね。
じゃあ逆に、「1ドル＝100円で10万ドルを買って、90円に値下がりした場合」はどうなるでしょうか？

1ドル＝100円で10万ドルを買うには、1000万円必要。でも1ドルが90円に値下がりしたら、10万ドルは900万円の価値になってしまうから…あ、100万円の損になってる！

（1ドル）100円 × 10万ドル ＝1000万円

（1ドル）90円 × 10万ドル ＝900万円

差額-100万円

100万円を支払う

その通りですね。為替が変動して100万円儲かったり損したりすることがあるけど、実際に10万ドルを買うのは大変ですよね。実は、最初に1000万円全額を用意しなくてもいいのです。

FXでは、相場の変動で利益が出たらその利益分だけを受け取り、損失が出たらその損失分だけを支払うという仕組みになっていて、この「**差額だけをやり取りする**」取引が「差金決済取引」です。

なるほど、10万ドルは受け取って返してるから、結果だけ見たら動かさなくても一緒ですね。

証拠金4%とレバレッジ25倍の関係

でも、100万円も損しちゃったら、払えない人もいるんじゃないの？

そうですね。そこで、損失時の担保として事前に預けておくのが「**証拠金**」です。その「証拠金」の範囲内で取引するのが差金決済取引の仕組みです。なお、「金融商品取引業等に関する内閣府令」によって、必要証拠金は「取引の額（想定元本）の4%以上」と定められています。

つまり、1000万円の売買をしようと思ったら、証拠金としてその4%＝40万円を用意しておけばいいってことですね！

その通りです！

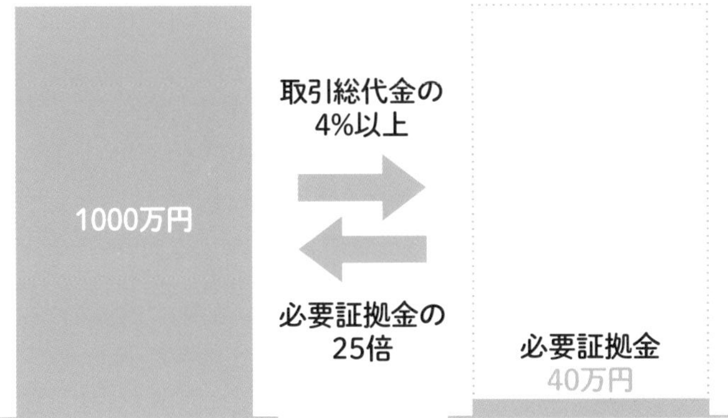

少ない元手でも大きな取引ができるのは嬉しいなあ。あっ、40万円あれば1000万円もの取引ができるっていうことは、FXでは「証拠金の25倍もの大きな取引ができる」ということですね。

外為法改正で安心・安全な金融商品へ

FXってちょっと怖いイメージがあったけど、投資家を保護するロスカット制度があったりして、投資としてうまく付き合えるかも！

もともと個人では為替取引を行うことはできなかったのですが、1998年に「改正外為法」が施行され、一般企業や個人でも為替取引ができるようになったんです。

このときが、日本での「FX取引誕生」の瞬間ってことですね！

ただ、当時はFX取引を規制する法律がなく、FX業者と顧客の間でトラブルが発生したり、FX業者が破たんしたときに証拠金まで失ってしまうようなことがあったんです。そこで、2005年に「金融先物取引法」が改正されたり、2009年の「金融商品取引業等に関する内閣府令」改正によって顧客から預かった証拠金も保全されるようになりました。

また、それまではレバレッジは100倍が当たり前だったFX業界でしたが、行き過ぎた投機の防止や投資家保護の観点から、レバレッジは2010年に50倍、2011年に25倍

まで引き下げられました。

そうやって初心者でも安心・安全な取引ができるように、ＦＸ業界全体が変わってきたってことなんですね！

FX取引に関連する主な法規制の変遷

1949年	外国為替及び外国貿易管理法(略称：外為法)の施行により、為替取引を原則禁止。
1998年	改正外為法(題名から「管理」を削除し、「外国為替及び外国貿易法」となる)の施行により、一般企業や個人が為替取引を行えるようになり、国内でFX取引がスタート。
2005年	金融先物取引法改正。従来、FX取引を規制する法律がなかったため、業者と顧客との間のトラブルが頻発していたことから、金融先物取引法が改正され、同法による規制の対象となる。
2009年	金融商品取引業等に関する内閣府令の改正によって、顧客から預かった証拠金の区分管理方法が信託銀行等への金銭信託に一本化され、FX業者等が破たんした場合でも証拠金が保全されるようになった。
2010年～2011年	過当投機の防止や個人投資家保護の観点から、2010年に「レバレッジ上限を50倍」、2011年に「レバレッジ上限を25倍」とするよう規制された。

※出典：金融先物取引業協会（https://www.ffaj.or.jp/learning/?p=11）

トラリピくんのエピソードでほっこり！ トラリピくん4コマまんが

作●したらみ

ぜんぜん！

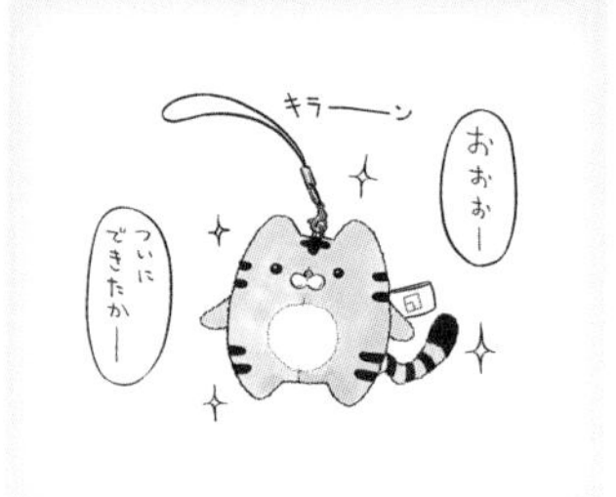

あらためまして

Lesson 3

FXが資産運用に向いている理由

「難しい経済やチャート分析をイチから勉強しないといけない…」

「レポートや経済指標も欠かさずチェックしないといけない…」

「24時間変動するから、夜もおちおち寝ていられない…」

「仕事が忙しいと、レートを見続ける暇がない…」

FXで稼ぐって大変で、難しいイメージがありますよね？

でも実は、FXは未経験者・初心者の資産運用に向いているのです。

なぜでしょうか？　その理由を解説します。

初心者でもFXで稼ぎ続けられる？

FXの基本的な仕組みはわかったけど、FXで稼ぐって
大変で難しいイメージがあるなあ。
24時間、スマホやパソコンに張り付いてトレード
してるイメージがあるし、経済やチャート分析も
しないといけないし…。
私みたいな投資初心者でも始められますか？

大丈夫ですよ！
たしかにFXの中でも、1日のうちに決済をする「デイトレード」や、数分や数秒で決済を繰り返す「スキャルピング」といった取引方法だと、スマホやパソコンに張り付いて相場の変動を常にウオッチし続けないといけません。
また、世界中で発表される経済指標や経済ニュースも瞬時に判断し、売買の決断をしないといけません。これでは日常生活に悪影響を与え、投資を長く続けるのは大変ですよね。
でも、取引方法によってはテレビニュースの情報で十分で、投資初心者でも仕事や睡眠に影響を与えないで長く投資を続けることができます。

それでは、なぜ未経験者・初心者の資産運用に向いているのか、その理由を紹介していきましょう！

FXはなぜ資産運用に向いているのか？

FXが資産運用に向いている理由 1

情報が豊富でアクセスしやすい

テレビやネットでも、為替ニュースってよく見かけますよね。

はい、よく見かけます！
「今日は●銭の円安で、現在1ドル＝●円●銭から

●円●銭で推移しています」というように
ニュースで報じられていますよね。

そうですね。主要通貨に関する情報や大きなニュースはテレビやネットでも頻繁に取り上げられているので、意識しなくても目にする機会が多くあります。それだけ**為替に関する情報は豊富で、誰もがアクセスしやすいので、初心者にも向いています。**

FXが資産運用に向いている理由 2

取引時間が長い

外国為替取引は土日を除いてほぼ24時間、取引ができます。それは、東京市場だけでなく、ニューヨーク市場やロンドン市場など世界中のマーケットで取引が行われているからです。
日本が祝日でも、世界の市場は動いているためトレードすることができます。

株式市場は基本的に朝9時から午後3時までの日中だけですが、FXは働いている人でも仕事終わりに相場をチェックしたりトレードもできるので、さまざまなライフスタイルの人に向いています。

FXが資産運用に向いている理由 3

流動性が高く、値動きが安定しやすい

為替市場は金融市場で最大の取引量を誇っていて、1営業日あたりの平均取引高は実に約7兆ドル※1に達しています。これは、1ドル＝135円で計算すると900兆円以上にものぼります。

これに対し、東京証券取引所の1営業日の平均売買代金は3.3兆円※2にとどまっています。

※1　2019年4月中、※2　2018年度

参考：日本銀行「外国為替およびデリバティブに関する中央銀行サーベイ（2019年4月中 取引高調査）について」
参考：日本取引所グループ（JPX）「主要ア商品の一日平均売買代金・取引高等の推移」
1ドル=135円で計算

為替市場の1日あたり取引量
約945兆円
（約7兆ドル）

日本の国家予算
約100兆円
（※2018年度、2019年度）

東京証券取引所の1日あたり取引量
約3兆円
（2018年度）

為替市場ってこんなに大きいんですね！
市場が大きいとどんなメリットがあるんですか？

一般的には、取引量が多いと、

❶ **公正な価格形成がされやすい**

❷ **好きなときに売買しやすい**

という特徴があり、為替市場ではいつでも、公平で、公正な取引ができる安心感があります。

ちなみに、このように**取引量が多い状態のことを「流動性が高い」**といったりします。

また、**為替相場は安定した動きをしやすい**特徴があります。

株式投資の個別株だと、短期間で20%とか30%とか下落することもよくありますし、何か大きなショックがあると半分以下になってしまうものもあります。
そういった変動の大きい個別株に比べて、為替市場は取引量も大きいため**変動幅が相対的に小さく、安定した動きをしやすい**という特徴があります。

例えば、株だと1年後に10倍とか10分の1になっているような銘柄はありますが、主要通貨で100円が1年後に1000円とか10円になっているということはめったにありません。

それに、円高・ドル安が過度に進むと相場が反転して円安・ドル高に進みやすく、同様に円安・ドル高が過度に進むと円高・ドル安に反転しやすい傾向があります。このように為替相場は**下がると反発力が働き、上がると抵抗力が働き、「レンジ相場」を形成しやすい**のも大きな特徴です。

ちなみに「**レンジ相場**」とは、**ある一定の幅で上がったり下がったりを繰り返す状態**のことで、「**ボックス相場**」ということもあります。

なんで上がったら下がり、
下がったら上がりやすいんですか？

円高・ドル安が進むと、円安・ドル高に戻ろうとする

1ドル＝100円から1ドル＝80円まで円高・ドル安が進んだとします。そうすると日本にとっては、輸入品は安くなるけれども、輸出企業の利益は減ることになります。
輸出の利益が減ると、輸出企業が多い日本の景気は減速していき、景気が減速していく日本に投資するうまみがなくなり、だんだんと日本からお金が離れていきます。そうすると、「円売り」につながります。

反対にアメリカにとっては、輸入品は高くなりますが、輸出の利益が増え、アメリカの景気はよくなっていきます。そうするとアメリカに投資したほうがいいということで「ドル買い」につながります。

↓

日本の景気が減速する

↓

円売り（＝円安）が進む

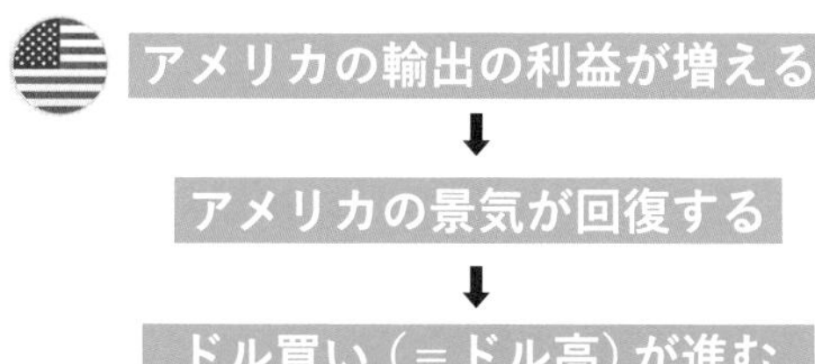

このように円高・ドル安が進みすぎると円安・ドル高になろうとする力が自然と働くようになります。

円安・ドル高が進むと、円高・ドル安に戻ろうとする

反対に円安・ドル高が進むと、次のようになります。

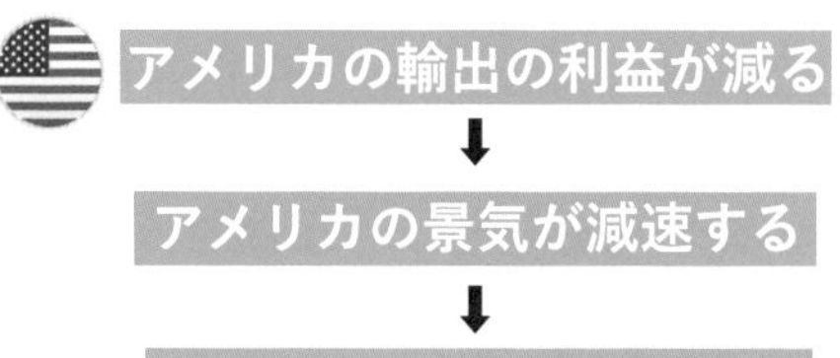

日本の輸出の利益が増える

↓

日本の景気が回復する

↓

円買い（＝円高）が進む

このように、**円安・ドル高が進みすぎると、円高・ドル安になろうとする力が自然と働くようになる**のです。

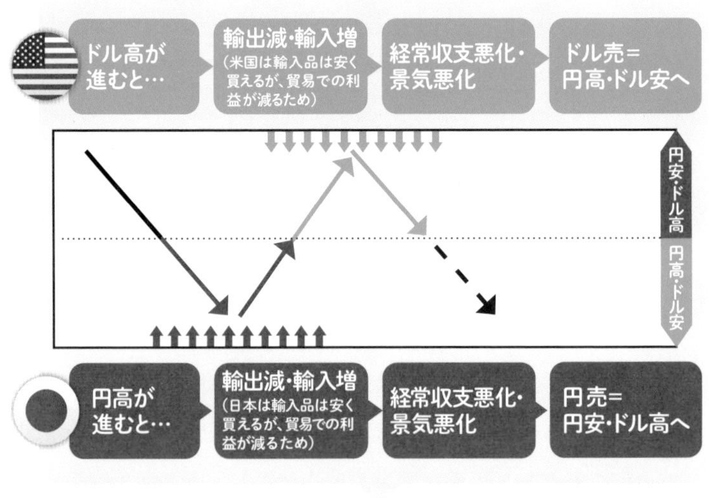

為替市場は「レンジ」を形成しやすい

なるほど！　為替相場は下がれば下がるほど反発力が働いて上がろうとして、上がれば上がるほど抵抗力が働いて下がろうとする。だから、同じような範囲を行ったり来たりしやすいという特徴があるんですね！

レンジ相場の特徴

円高・ドル安が進みすぎると円安・ドル高に進みやすく、反対に円安・ドル高が進みすぎると円高・ドル安に進みやすくなるように、**為替相場では"行ったり来たり"の「レンジ相場」を形成しやすい。**

FXが資産運用に向いている理由 4

再現性が高い

※再現性＝同じ事象が繰り返し起こったり、観察されたりすること

では、為替相場がどのようにレンジ相場を形成しているのか、実際のチャートで見てみましょう。下図は変動相場制が始まった1971年からのドル/円チャートです。

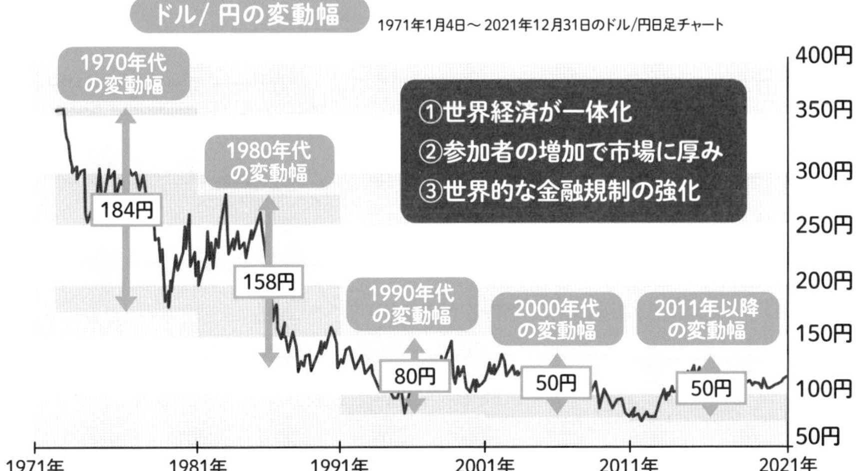

変動幅はどんどん狭くなってますね。
なんで変動幅が狭くなったんですか？

いろいろな理由が考えられますが、世界経済が一体化して**外国為替市場やFXの参加者が増加し、市場に厚みが出てきた**ことなどが要因として挙げられるでしょう。

一般的に、**取引量が多く流動性が高い通貨ほど価格は安定**し、反対に**あまり取引量の多くない流動性の低い通貨は価格が不安定になりやすい**傾向があります。

なるほど、市場が大きければ
それなりの資金が入ってきてもそんなに動かないけど、
小さい市場に大きい資金がドンと入ってくると
大きく動いてしまうことがあるってわけですね。

そういうことですね。
また、世界的に規制がなくなってきたことも、取引量が増え、通貨が安定してきた（＝値幅が狭くなった）理由でもあると考えられます。

先ほどのチャートを見ると、2010年代の変動幅は10年で50円程度しか動いていませんよね。

これをさらに1年ごとに区切ると、10～20円くらいの値幅になっていることがわかります。

ドル/円の2011年以降の年間変動幅

2011年1月2日～2021年12月31日
ドル/円月足チャート

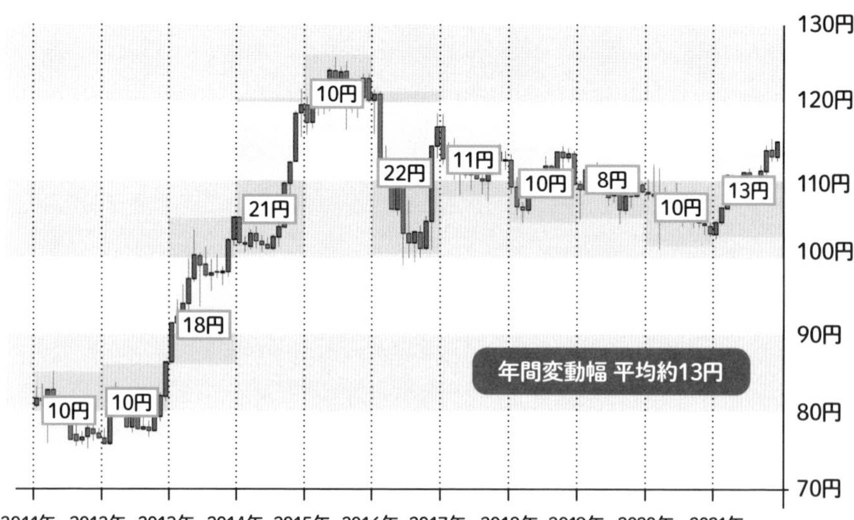

1年だけで見ると大きく上昇した年や大きく下落した年もありますが、数年単位で見ると「上がったら下がる、下がったら上がる」を繰り返しているのがわかりますよね。

株式投資で2倍や10倍になる株を見つけられたらそれはすごいことですが、そう簡単ではありません。
それに対して、為替相場は「レンジ相場を形成しやすい」という特徴を理解し、近年の値動きを見れば、**「今年はこれくらいの範囲に収まるんじゃないか」と大まかな予想をするのは、プロではない人でも決して難しくはない**ですよね。

つまり、**外国為替市場は変動幅が狭くレンジを形成しやすいので、再現性が高い**と言えます。だからFXは投資初心者でも資産運用に向いているといえるのです。

なぜFXが資産運用に向いているのか？

一般的に**主要通貨の為替相場は変動幅が小さく、レンジを形成しやすい**ため、**再現性が高い**。そのため、初心者でもFXは資産運用に向いている。

年間収益率10%を達成するには?

Lesson1で、「まずは年間収益率10%を目指そう」というお話をしましたよね。では、どうやったら「年利10%」を達成できるのでしょうか。

例えば1ドル＝100円のときに1000万円で10万ドルを買った場合を考えてみましょう。
1ドル＝100円から110円になれば10万ドルは1100万円になるので、年利10%を達成できますね。つまり、FXでは10万ドル持っている場合には、10円の値幅を取ればいいということになります。

1ドル＝100円で取引量10万ドルなら10円の値幅が必要

10万ドルを持っている場合、10%増やそうと思ったら10円の値幅を取ればいいってことですね。
でも10円も値上がりすることってあるんですか？

2021年の1年間のドル/円の値動きを見てみてください。2021年は102円台から115円台まで約13円も上がった年だったんです。

へ～、2021年は年初に10万ドルを買って10円上がったときに売れば、10%増やすことができたんですね。

それに、P.50でも紹介したように、2011年以降は毎年1年間で10～20円ほど動いているので、10円の値幅を取ることはできるんですよ。

どの年も「10円の上昇」を取るチャンスはあったんですね。でも、そんな「底で買って天井で売る」みたいなことが私にもできるかなあ？

たしかに、底や天井を当てるのはとても難しいことです。そのような不安は多くの方が持つものです。
それに、10円の高低差を取れるチャンスは一度きりだったので、タイミングを逃したら、1年間で10円の上昇を取ることはできなくなってしまいます。

初心者が長く運用し、儲け続けるためには?

初心者でも、限られた情報だけで、ずっとパソコン画面に張り付いていなくても、長く運用を続け、長く儲け続けるためにはどうすればいいのか。
そこで重要になるのが、「**総推移を取る**」という考え方です。

え、「総推移」って？

「**総推移**」とは**4時間足の高低差の合計**のことで、4時間足チャートの値幅を全部合わせた変動幅のことです。
たとえば2021年は下から上まで13円の値幅がありましたが、実際には毎日細かい値動きがあり、この細かい値動きを全部合わせると約311円あったのです！

2021年で10円の高低差を取れるチャンスは一度きりだったわけですが、**一度で10円の値幅を取ろうとするのではなく、1年間で0.5円の値幅を20回取っていく**と発想を転換すればいいのです！

小さい値幅を複数回取るイメージ

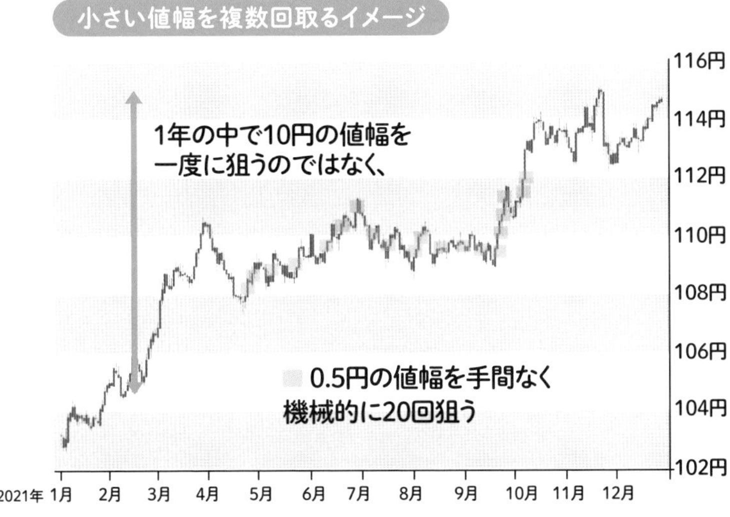

なるほど！
合計で10円分の値幅を取ればいいんだから、
「1円×10回」とか「0.5円×20回」と
細かく利益を取ればいいってことなんですね！

その通りです。
トラリピは、相場の読みを必要とする高低差を狙わずに、たくさんの注文を広い範囲に仕掛けておくことで、日々の上下（＝総推移）をリピート機能で手間なく狙い続ける戦略です。

2021年のドル/円チャートは…

高低差
約13円

総推移
約311円

トラリピが狙うもの

ちなみに、1回あたりの取引量が10万ドルの場合は「0.5円×20回＝10円」の値幅を取ればいいのですが、1万ドルの場合は「0.5円×200回＝100円」の値幅を取ればいいのです。

FXでどうやって年収益率10%を狙っていくのか？

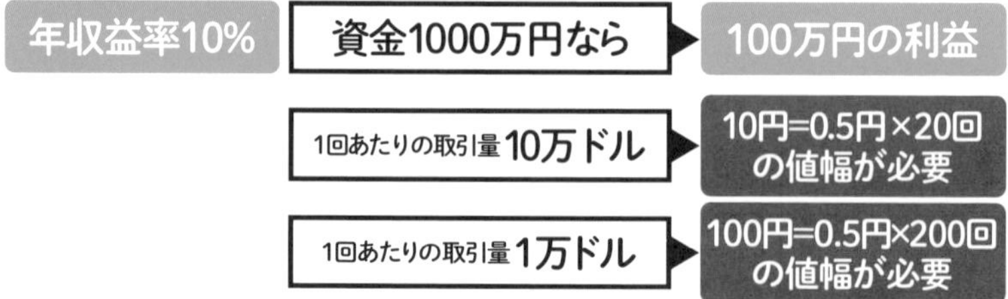

ただ、何十回も何百回も手動で取引を繰り返すのは大変ですよね。
ずっとスマホやパソコンに張り付いていなくても、自動で手間なく機械的に取引するためにはどうすればいいか。
通勤中も、仕事中も、家事をしているときも、寝ているときも、マネースクエアのトラリピなら、24時間、自分の代わりにレートを見張り続けてくれます。普段の暮らしをジャマしない。だから、忙しい人に選ばれるのです。

「総推移」に注目

ずっとスマホやパソコンに張り付く必要がなく、長く運用を続け、長く儲け続けるためには「総推移」を取るという考え方が重要になる。
一度で10円の値幅を取ろうとするのではなく、0.5円×20回（＝10円）のように、小さい値動きを何度も取ればよい。
通勤中も、仕事中も、家事をしているときも、寝ているときも、24時間、レートを見張り続け、**大きな利益を狙わずに、小さな利益を積み重ねる。**それがマネースクエアが特許を取得している発注手法「トラリピ」である。

トラリピくんのエピソードでほっこり！ トラリピくん4コマまんが

作●したらみ

ペット

値動き

Lesson 4

トラリピとは?

いよいよ本章から「トラリピ」の詳しい解説に入ります。
トラリピはトラップリピートイフダンの略で、
「トラップ」「リピート」「イフダン」の3つの要素から
構成されています。

1. 相場の「上がる」「下がる」を予想しなくていい
2. FXに時間を取られない
3. 相場の乱高下に強い

というメリットがあり、日々の値動きを機械的に手間なく
狙い続けてくれます。大きな利益を狙わずに、
小さな利益を積み重ねることで「毎日が財産になる」のです。

どれくらいの金額から始めればいいの？

最初に、トラリピを使っている個人投資家はどれくらいの資金で、どんな投資をしているのか、ご紹介しましょう。
まずは「どれくらいの金額から始めたらいいのか？」についてです。
FX業界全体で見た場合、1口座あたりの平均預かり資産※はどれくらいだと思いますか？

※ 預かり資産÷総口座数で計算。総口座数は取引の有無にかかわらず、すべてのFX口座を対象

う〜ん。なんとなくですが、20万円くらいですか？

資金力は人それぞれですが、FX業界における1口座あたりの平均預かり資産は18万円です。※※
金田さんの20万円というのは、FX業界全体で見たら一般的な金額と言えますね。

※※ 各社開示情報および金融先物取引業協会の開示情報より算出（2021年3月31日時点）

ただ、口座残高が18万円だと、「年収益率10％」の運用ができたとして年収益は1万8000円。これで満足できますか？

え〜、正直もっと欲しいかな（笑）。だってそれだと、ちょっと欲しいものを買ったら終わりだし、そもそも投資をするのは将来のため。1万8000円じゃ、将来の安心は得られないし…。リスクの割にリターンが少ないって印象がするかな。18万円がなくなってもいいから100万円儲けたいなあ！

そう考えてしまうのも無理はありませんが、少ない金額から始めると「もっと大きく儲けたい！」と、よりギャンブル的な思考に陥ってしまうことが多いようです。

では、マネースクエアの1口座あたりの平均預り残高はというと、実は227万円なんです！ 2022年3月31日時点
これだと、「年収益率10%」で運用できたら、年間収益は22万7000円になりますよね。

1年間で得られる利益が20万円あったら嬉しいですね。
でも、元手の200万円は絶対に損したくないなあ…。

そうですよね。ですから「**リスク管理**」を徹底し、**ギャンブルのようなFXではなく、「資産運用としてのFX**」という考えが重要になるのです。
また、リスク管理についてはLesson8で詳しく解説しますが、ロスカットなどのリスクを下げるためにも、始める金額は余裕があるほうが理想的です。
「227万円」はあくまで平均で算出された金額なので、自分の余裕資金や目標とする金額、運用する期間などをもとに始めてみてください。

相場の上下を予想するのは難しい

さて、ここから「トラリピ」の詳しい仕組みについて解説しましょう。まずは、次の問題を考えてみてください。

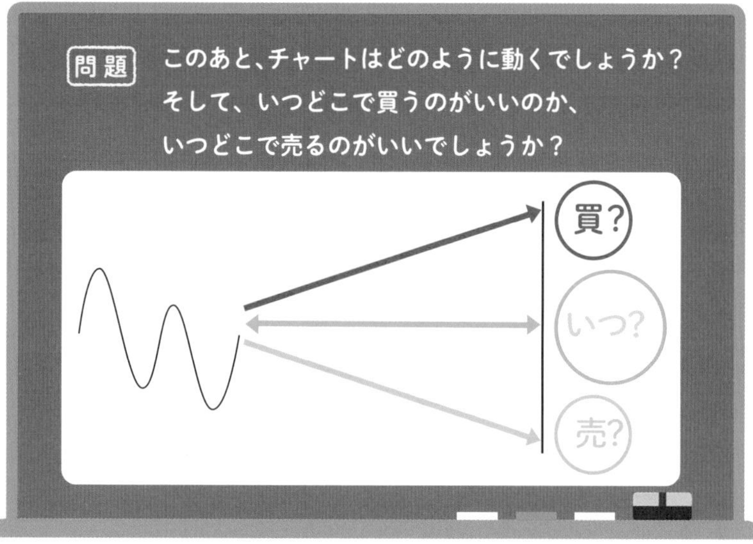

え〜、わからないなあ。
でも、だんだん右肩下がりになってるし、
これからもだんだん下がるんじゃないですか？

たしかに、同じような動きをして下がりそうな感じもしますね。でも、これで底打ちをして、このあと上がるかもしれないですよね。相場がどのように動くかは誰にもわかりません。

「これから上がるのか」「下がるのか」「いつ買って、いつ売ればいいのか」を正確に予想するのは、プロでもとても難しいんです。投資初心者だったら、正確に当てられなくても仕方ありません。
そもそも投資とは、安値で買って、タイミングを見計らって高値で売ることができれば、収益をあげることができます。
しかし、このようにうまく売買して儲けるには、相場を正確に見通す力が必要になり、実際はとても難しいことです。

ドル/円日足チャート 2017年4月1日～2018年12月31日

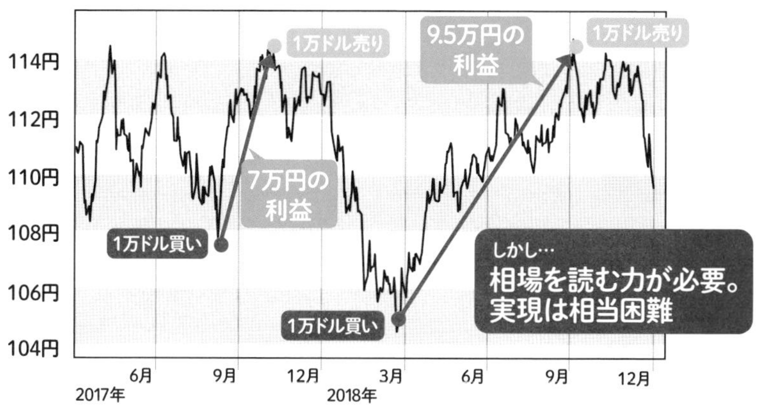

それじゃあ、どうしたらいいんですか？

「これから上がるのか、下がるのか」「どこが安値か、どこが高値か」を正確に予想するのは難しいですが、「上がっても1ドル＝115円くらいまで」とか、「下がっても1ドル＝100円くらいまで」などのように、**「しばらくはこのあたりで上下するのでは？」という“範囲の予想”だったら比較的しやすい**ですよね？

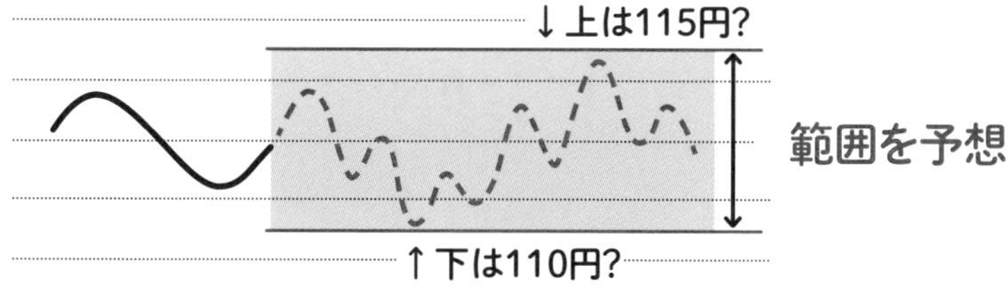

為替相場は一定の範囲内で上下を繰り返す「レンジ相場」を形成しやすい傾向があります。そのため、「これくらいの範囲で上下するのでは」という「動きそうな範囲」なら予想しやすいですよね。

それに、「通貨」ですから価値がゼロになることはまずない、というのもFXの大きなメリットです。
また、FX市場は24時間取引可能ですが、私たちは仕事中や就寝中も値動きを見るわけにはいきませんよね。
こういったFX市場と私たち個人投資家の両者をうまく結び付ける取引手法が「トラリピ」なのです。

FX市場
- レンジ相場を形成しやすい
- 価格がゼロにはならない
- 24時間取引

個人投資家
- 上下の予想は難しい
- レンジなら予想しやすい
- 長い時間、値動きを見ていられない

両者を結び付ける取引手法がトラリピ

3つの要素から構成されるトラリピ

「トラリピ」は「トラップリピートイフダン」の略で、「トラップ」「リピート」「イフダン」の3つの要素から構成されています。

では、トラリピを理解するのに必要な「イフダン」と「リピート」を順に説明していきますね。

❶ イフダン注文

まず「イフダン注文」とは、「100円で買ったら、101円で決済する」というように、新規注文の値段を指定するときに、同時に決済の値段もセットで指定する注文方法です。

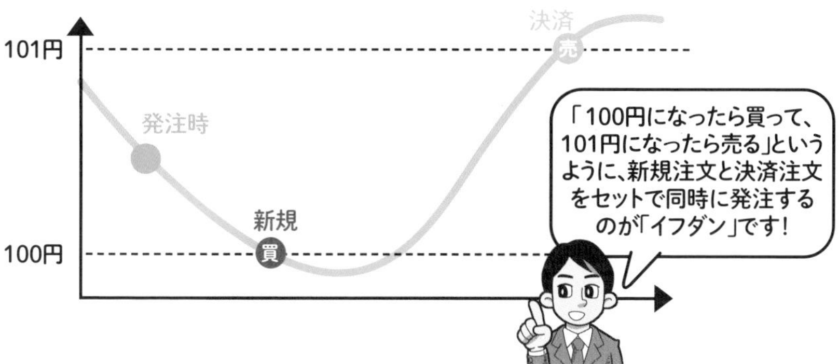

「**ここまで下がったら買いたいな**」「**ここまで上がったら売りたいな**」というように、**レンジ相場の上下の値幅がある程度読めるときには非常に便利な注文方法**です。

このように注文しておけば、チャートを見ていなくてもポジションを持って決済まで可能で、寝ている間や仕事中など、値動きを見られない時間も自動的にトレードすることができます。

ただし、イフダン注文は、新規注文が成立して、その後、決済注文が成立すると、その時点で終了します。

でも、FX市場は24時間変動しますよね。それ以降も同じような上下動が繰り返される可能性があります。

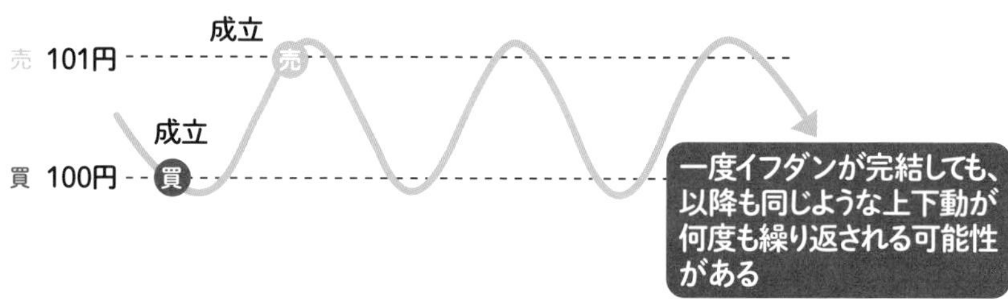

そのたびにイフダン注文を入れるのは大変ですよね。
そこで「リピート」が重要になるのです。

❷リピート

「リピート」は文字通り「繰り返す」という意味で、**イフダン注文を“繰り返し”行う機能を付けたのが「リピートイフダン」**です。
「リピートイフダン」は一度発注すると、そのレートに到達するたびに買→売→買→売→…と注文が自動的に繰り返され、決済の都度、利益が積み上げられる仕組みになっています。

通常のイフダン ＋ リピート機能 ＝ リピートイフダン

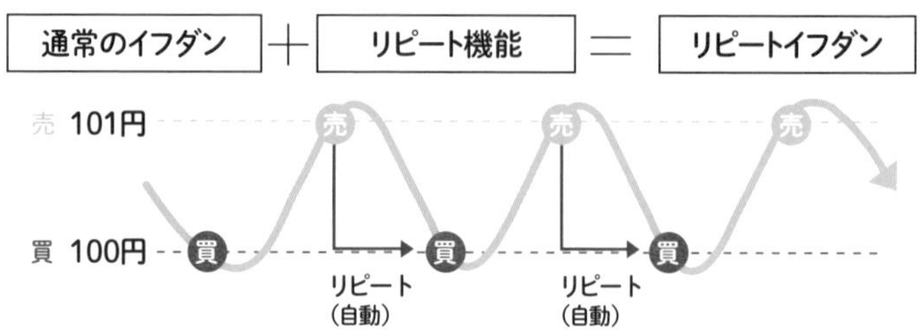

レンジ相場のように、為替が同じ範囲を往復するとき
リピートイフダンは役立ちそうですね!

まさにその通りです!
では、具体的に実際のチャートで見てみましょう。
「109円になったら1万ドルを買い、110円になったら売る」というリピートイフダンを仕掛けます。一度利益確定されると1万円が儲かります。

ドル/円チャート 2017年4月1日～2018年12月31日

すると、次の図のように

109円になった❶で買い、110円になった①で利益確定
→また109円になった❷で買い、110円になった②で利益確定
⋮

と、次々にイフダンがリピートされ、計9回の決済で9万円の利益を確定できたというわけです。

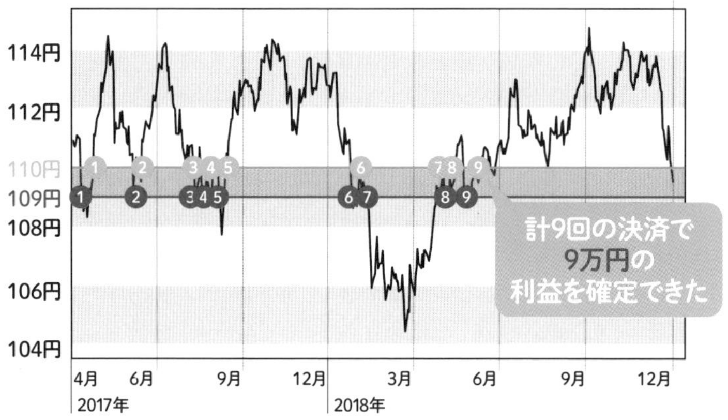

FXは一定のレンジ内で行ったり来たりを繰り返しやすい性質があります。

レンジの上下を見極めてリピートイフダンを発注しておけば、想定するレンジの中で動いている限り、最初に一度注文するだけで何度も売買を繰り返し、手間をかけずに利益を積み上げてくれることが期待できます。

ちなみに、109円で買ってから110円まで上がらず再び109円になっても買い注文は発動せず、ポジションを同時に複数持つことはありません。

それなら買いすぎる心配はないから安心ですね。
ところで、この例では109円～110円で仕掛けて9万円儲かっていましたが、違う値段で設定していたらこんなに儲からなかったかもしれないんですか？

そうですね。たとえば107円～108円でリピートイフダンを仕掛けていたら、下図のように利益はわずか1回しか取れなかったということになります。

113円〜114円だったら7回の利益を確定することができましたが、105円まで下がったタイミングで約8万円の評価損を抱えたことになります。

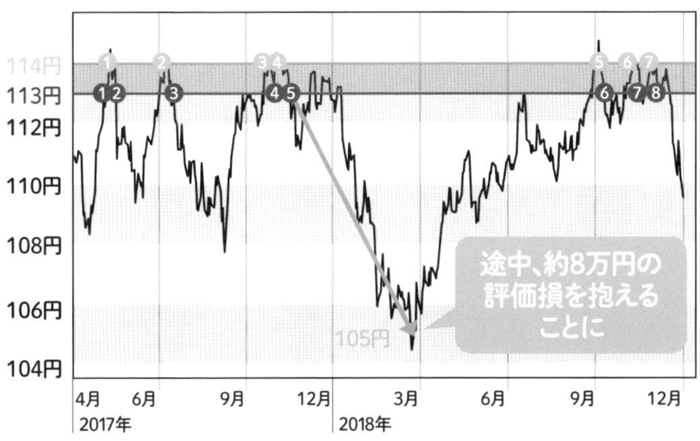

これらの例からもわかるように、**リピートイフダンは適切な場所に仕掛けることが大切**なのです。
でもそのためには専門的なチャート分析を勉強しなければならないし、経済ニュースや経済指標も念入りにチェックしてこれからの動向を正確に分析しなければなりません。

しかしこれでは投資を始めるハードルが上がってしまうし、何より長く投資を続けることが難しいですよね。

そこで、この問題を解決するのが、「トラリピ」です。

● リピートイフダンのトラップ(ワナ)を複数仕掛ける

「●円で買って、▲円で売る」とピンポイントで予想するのは難しくても、「しばらくは105円～115円くらいの範囲で上下するのではないか」というように、「動きそうな範囲」を予想することはできますよね。

その予想した範囲に広くトラップ(ワナ)を仕掛けるように、リピートイフダンを並べていくのです。

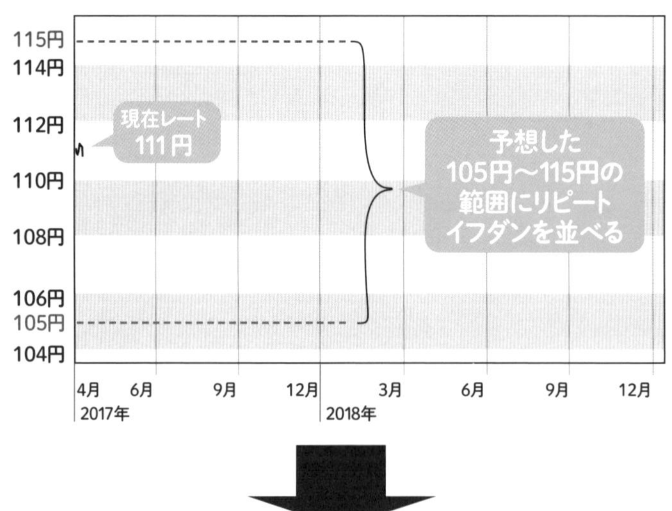

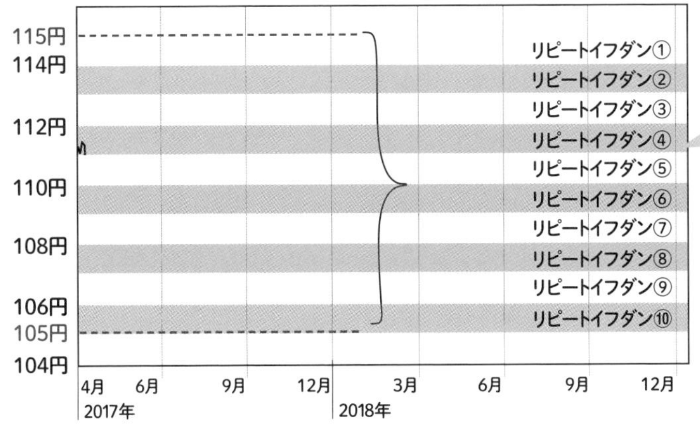

相場の値動きを正確に予想するのは難しいけど、「動きそうな範囲」予想なら、私にもできそうだなあ。

このように、**「動く範囲を予想」し、リピートイフダンのトラップ(ワナ)を複数仕掛け、相場の細かい値動きを利益に変えていくのがトラップリピートイフダン**です。
為替相場がトラリピを仕掛けた範囲内で推移すれば、利益を積み重ねられ、毎日が財産になるのです。

実はこのチャートでは、合計48回の利益を確定できています。それぞれのトラップで1万通貨買っていれば利益確定されるたびに1万円が儲かるので、合計48万円儲かったことになります。

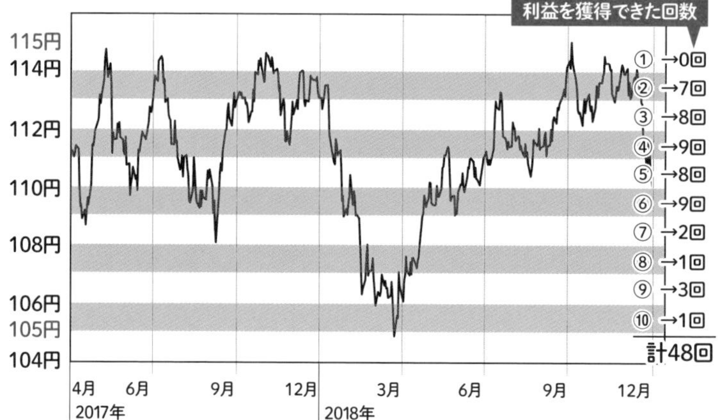

え、そんなに儲かったんですか!?
しかも一度設定したら自動でやってくれるんですよね。
トラリピってすごい！

トラリピのコンセプトのまとめ

❶ チャートが上がるか下がるかを正確に予想するのは難しい。

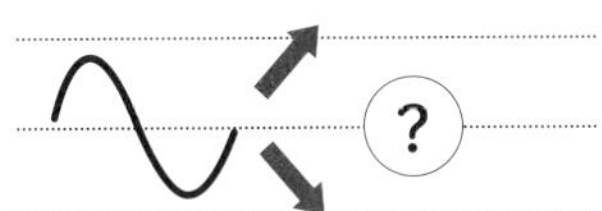

❷ そこで「動きそうな範囲」を予想することで、相場を「点」ではなく「面」で捉える。

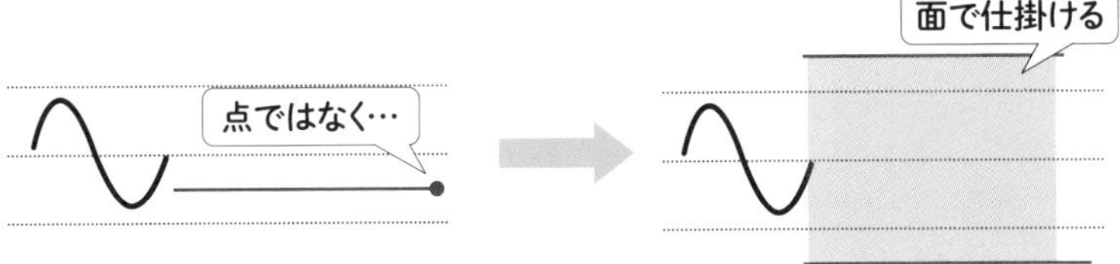

❸ 動きそうな範囲にトラップ（ワナ）を仕掛けるようにリピートイフダンを隙間なく敷き詰めることで、たくさんの売買を手間なく機械的に自動で繰り返すことができる。

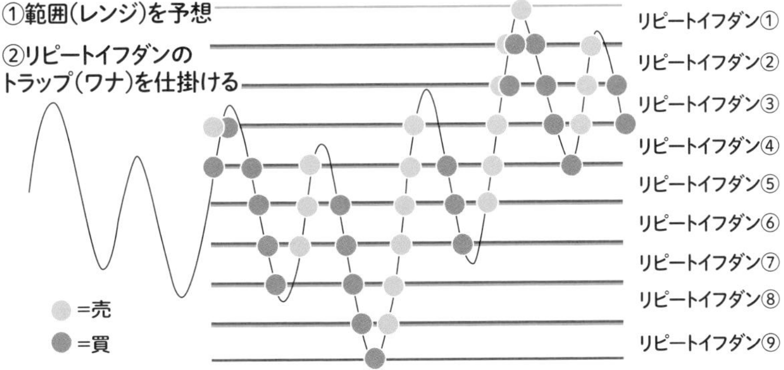

❹ 相場の読みを必要とせず、たくさんの注文を広い範囲に仕掛けておくことで、日々の上下（＝総推移）をリピート機能で手間なく狙い続ける戦略がトラリピ。大きな利益を狙わずに、小さな利益を積み重ねることができる。

※「トラリピ」は、取引の利益を保証するものではありません。仕掛け方によっては多額の資金が必要となったり、設定したレンジ内であっても、損失を被ることがあります。

トラリピのメリットのまとめ

メリット❶

相場の
「上がる」
「下がる」を
予想しなくていい

トラリピは「上がりそう」「下がりそう」ではなく、これからレートが上下しそうな「範囲を予想」するだけ。
そのため、正確な相場分析を必要とせず、相場を予想する頻度も非常に少なくすることができる。

メリット❷

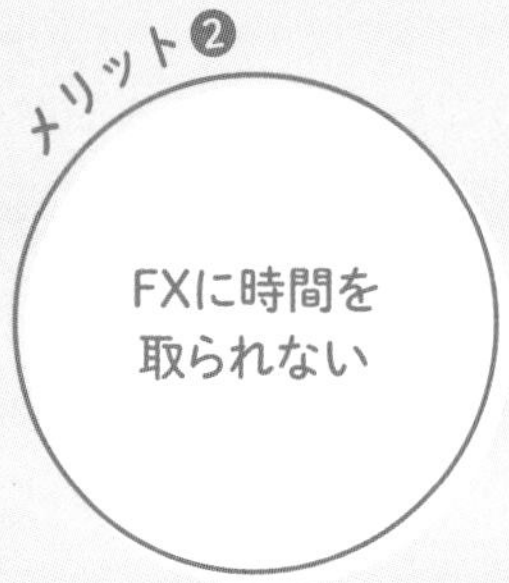

FXは24時間変動する。しかし、トラリピは自分が決めた価格で自動的に売買を繰り返すことで、通勤中も、仕事中も、家事をしているときも、寝ているときも、投資家に代わって24時間、システムがレートを見張り続け、利益を狙い、普段の暮らしをジャマしないFXが実現できる。

メリット❸

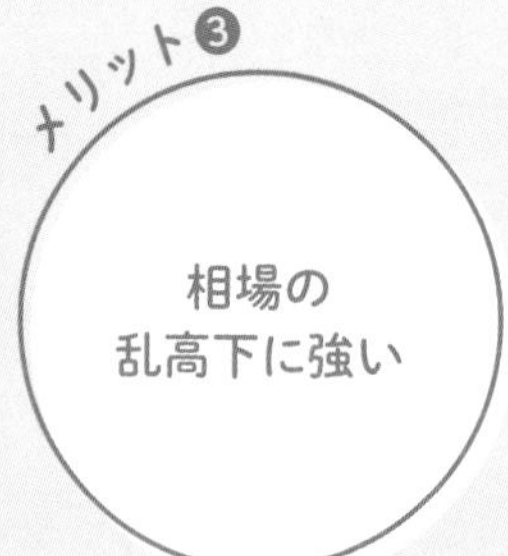

一般的に敬遠される乱高下の局面でも、トラリピのリピート機能は売買チャンスを逃さない。
むしろ予想した範囲内では、乱高下するほど収益チャンスが高まることも、トラリピの大きな強みとなる。

トラリピを仕掛ける際の注意点

トラリピを仕掛けるときには
どんなことに注意しなければいけないんですか？

ポイントは2つあって、

❶ **予想する「レンジ幅」**

❷ **「トラップ値幅」と「利益値幅」**

です。それぞれ具体的に解説しましょう。

トラリピを仕掛ける際の注意点 ❶

予想する「レンジ幅」

まず「**レンジ幅**」とは、「**トラリピをいくらからいくらの間に仕掛けるか」という値幅のこと**です。

レンジ幅を広くとれば、そこから値動きが外れる心配は少ないですよね。

でも、下の図のような場合、薄いオレンジ色の部分にレンジを設定して証拠金が抑えられている状態なのですが、実際にトラリピが稼働しているのは濃いオレンジ色の部分のみとなっているので、資金効率が下がってしまいます。

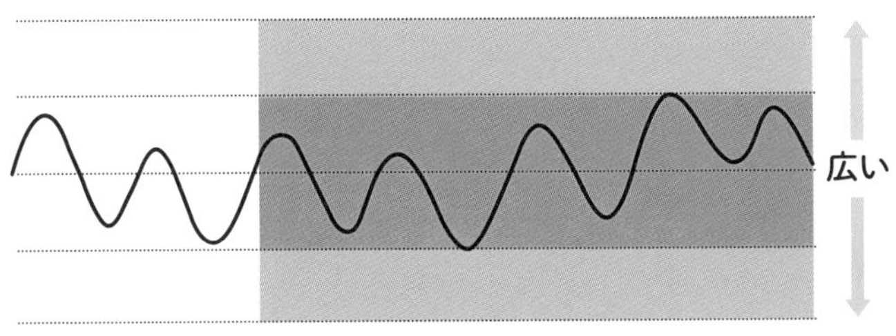

一方、下のようにレンジ幅を狭く設定していると、レンジ幅からはみ出している部分が多くなってしまいます。
これでは細かい値動きのすべてを取っていくことができません。もう少し広く仕掛けていれば収益機会とすることができましたが、レンジ幅を外れているため収益機会を逃している状態です。

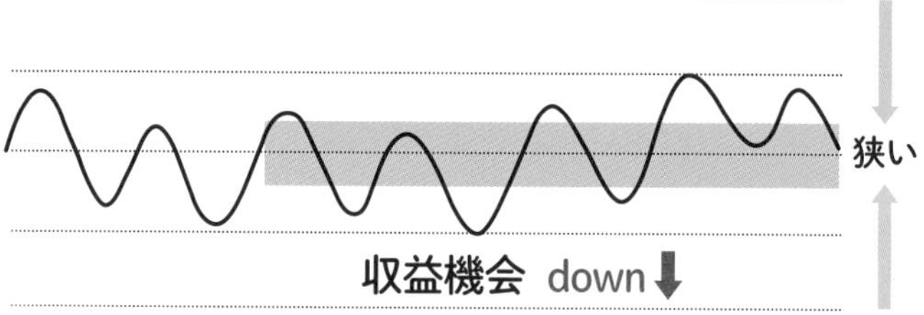

なるほど、レンジ幅は広すぎても狭すぎてもよくないってことですね。
どれくらいの範囲で設定するのがいいんですか？

自分が想定する「運用期間」に合わせて設定するといいでしょう。
たとえば、**運用期間が長ければそれだけ相場が大きく動く可能性はあるので、広めのレンジを想定しておく必要があります。**
一方、**運用期間が短ければ、それほど大きな値動きはしないと考えられるので、必要以上に広く取らなくてもいい**、ということになります。

トラリピを仕掛ける際の注意点①

トラリピを仕掛ける際には、「トラリピをいくらからいくらの間に仕掛けるか」という「レンジ幅」に注意。
レンジ幅を広く取れば、値動きが外れる心配は少ないが、それだけ証拠金が必要となり、資金効率が下がってしまう。
対して、レンジ幅を狭く設定すると、レンジを外れる可能性が高まり、収益機会を逃してしまう。

トラリピを仕掛ける際の注意点 2

「トラップ値幅」と「利益値幅」

「トラップ値幅」とは、**レンジ内にリピートイフダンを並べる間隔**で、レンジ幅とトラップ本数に応じて算出されます。
「利益値幅」とは、**1回の決済で狙う利益の値幅**のことです。
たとえば次の図のように、「130円から135円まで、1円動くごとに買い、買った時の価格から1円上がったら利益確定するという1円幅のリピートイフダン注文を5つ仕掛ける」と設定したとします。
この場合、「1円動くごとに買う幅」がトラップ値幅で、「買った時の価格から1円上がったら利益確定する幅」が利益値幅となります。
この値幅はトラリピの効率的な運用においてとても重要なのですが、**初心者の方は「トラップ値幅」と「利益値幅」は同じにするといい**でしょう。
そうすると、隙間なく等間隔にトラップが敷き詰められ、買って売って、またすぐに買って売って…が繰り返されることになり、わかりやすい設定になるのでオススメです。

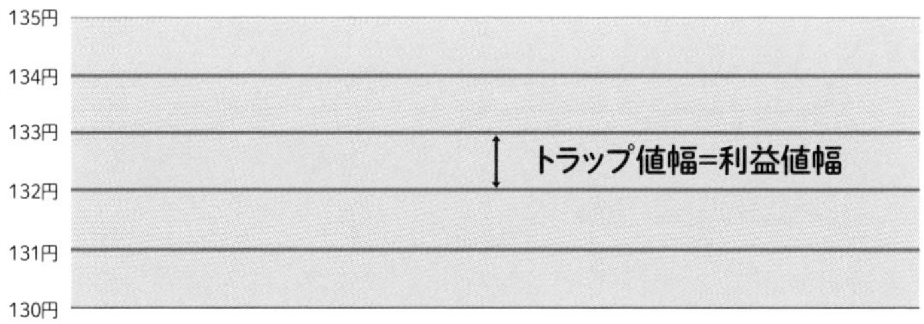

このような値幅で仕掛けて下図のような値動きがあったとき、合計の利益獲得回数は7回となります。

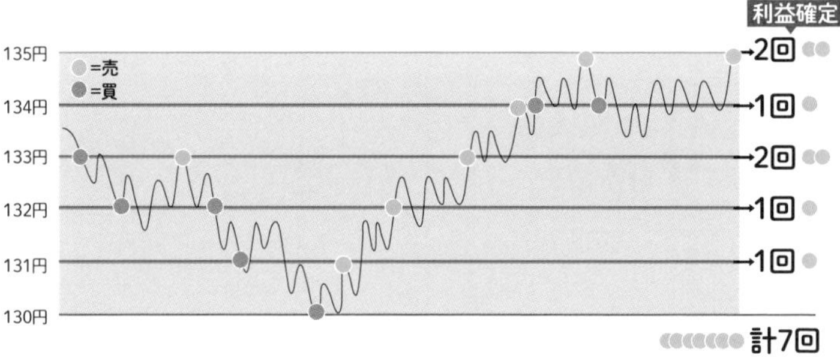

ただ、よく見てみると、次の赤丸部分のように細かい値動きがあったにもかかわらず、利益を取り損ねているところがあることがわかりますよね。

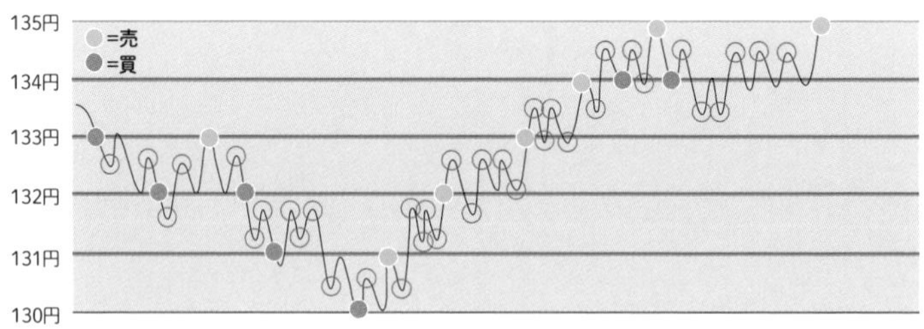

仕掛けてる値段に達していない変動は売買されないんですね。なんだかもったいないなあ。この細かい値動きも捉えるにはどうしたらいいんですか？

このような部分も利益として拾っていきたいということであれば、トラップ値幅を半分にして本数を2倍にするといいです。

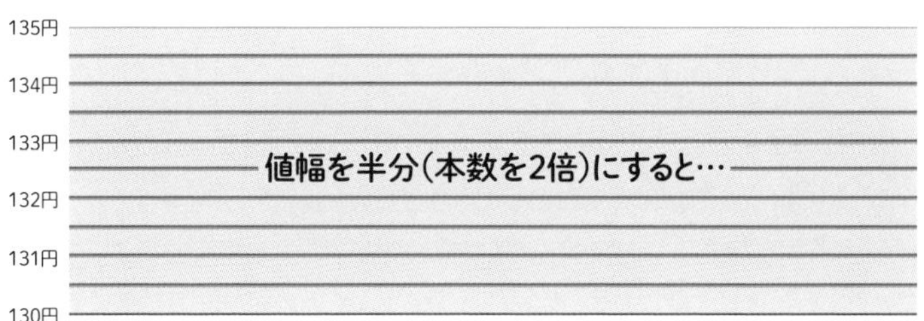

コツコツと利益を取っていき、本数を2倍にしただけで、利益獲得回数はなんと4倍以上の30回になりました。

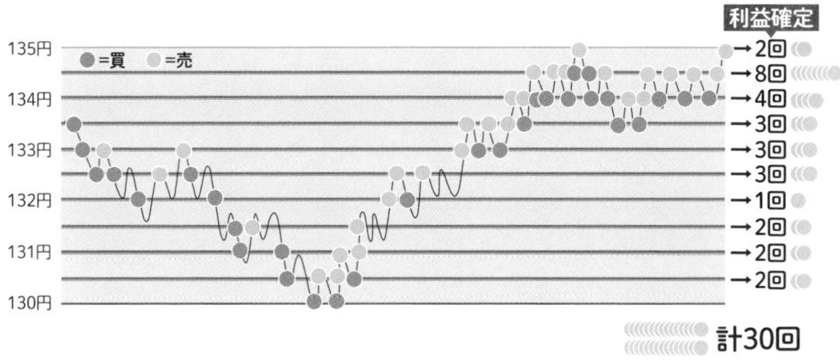

値幅を狭く設定すると、
より細かい値動きを取ることができるんですね！

そうなんです。この値幅が非常に重要だということがわかってもらえたかと思います。

でも、ただ値幅を狭くして本数を増やせばいいというわけではありません。
トラップを増やすほど、当然必要になる資金（証拠金）も多くなりますし、買い注文が成立すればポジションも多くなります。

また、利益値幅を狭くすると、利益は確定しやすくなりますが、
1回の決済で得られる利益は少なくなります。
自分の資金やリスクとリターンのバランスから、トラップ値幅と利益値幅を設定する必要があります。

トラリピを仕掛ける際の注意点②

「トラップ値幅」とは、レンジ内にリピートイフダンを並べる間隔で、
「利益値幅」とは、1回の決済で狙う利益の値幅のこと。
値幅を狭くすれば細かい値動きを取っていくことができるが、
トラップを増やすほど証拠金も多く必要になる。
余力資金やリスクとリターンのバランスなどから、トラップ値幅と利益値幅を設定するとよい。

Lesson 5

トラリピの基本戦略

この章では、トラリピを運用環境に合わせてどのように
設定するのか、その手順を具体的に紹介します。
そして、トラリピの基本的な運用方法と、追加設定の
「決済トレール」と「ストップロス」について解説します。
本章でトラリピの基礎を完全に身につけ、
より実践的な内容へとつなげていきましょう。

トラリピの注文設定は順番に入力するだけ

では、具体的にどのようにトラリピを設定し、資産運用していけばいいのでしょうか。最初に、注文方法についてご紹介します。

トラリピの注文設定 1

「通貨ペア」と「売買」を決める

まず、トラリピの注文設定画面は次のようになっています。

ここでは、「通貨ペア」はドル/円、「売買」はわかりやすいように「買い」から入る場合を解説します。

トラリピの注文設定画面

ドル/円 月足チャート（2014年1月～2022年3月）

トラリピの注文設定 2

「月間高低差」や「年間高低差」を見て「レンジ」を決める

続いて仕掛ける範囲、レンジを考えていきます。ここではデータを参考にするやり方を紹介しましょう。

たとえば「**1か月くらいの期間で運用しよう**」と考えた場合、ドル/円のレートが**1か月でどれくらい動いたかを示す「月間高低差」のグラフをチェック**します。◀月間高低差は、マネースクエアのマイページ内「マーケット情報」で確認できる

2021年4月〜2022年3月の月間高低差は下のようになっていて、平均は3.3円だとわかりました。
そこで、**レンジを3円幅くらいに設定すると、1か月くらいであればその範囲内に収まりやすい**ということが言えそうですね。

ドル/円の月間高低差 2021年4月〜2022年3月

1か月の運用期間 ▶ **月間高低差から3円幅で設定**

なるほど、「月間高低差」のデータを使って、「1か月ならこれくらいの範囲内で動きそうだ」ということを予想すればいいんですね。これなら私にもできそう！

その通りです。ですが、予想した範囲を外れてしまうことも考えられるので、もう少し中長期的な目線で考える場合は「年間高低差」のデータも勘案するといいでしょう。

下図のように、2012年〜2021年の年間高低差の平均は13円なので、13円幅で設定すると、1年間はその範囲に収まりやすいということが言えそうですね。

ただ、Lesson4でも説明したように、レンジが広すぎると資金効率が悪くなってしまうデメリットがあるので、半年から1年間の運用期間を想定すると、10円幅で設定しようと考えるといいでしょう。

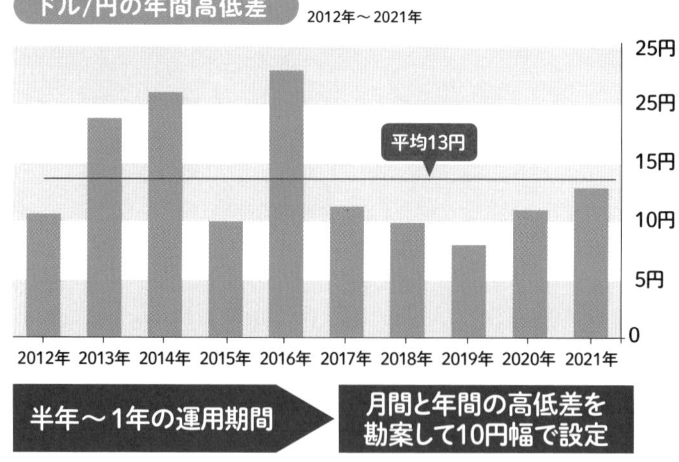

今回は100円から110円の10円幅で設定するとします。

ドル/円 月足チャート 2014年1月～2022年3月

すると、チャートのピンク色の部分にトラリピが仕掛けられることになります。

トラリピの注文設定 3

1日の高低差から「トラップ値幅」と「利益値幅」を決める

続いて、「トラップ値幅」と「利益値幅」についてはドル/円の1日の高低差を参考にします。

半年間の1日の高低差の平均は0.71円でした。
そこで、0.5円幅くらいに設定すると、1日に1回くらいの売買成立が期待できるイメージになります。

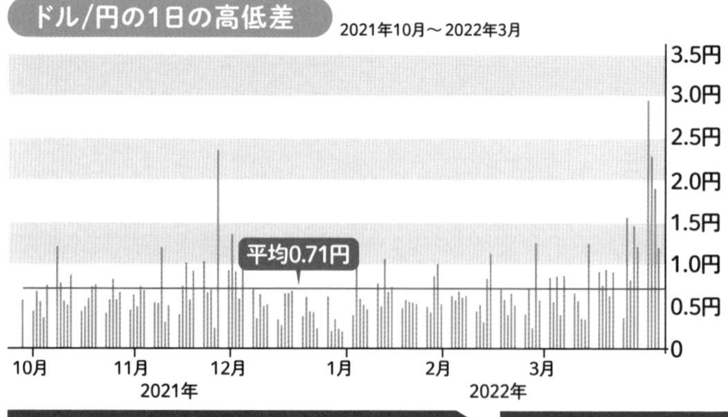

0.5円幅くらいが1日1回成立の目安 → 毎日が財産になる

毎日のように利益確定されてお金がチャリンチャリンと入ってくれば、ワクワクしますね！

この2つの値幅は「どれくらい利益を取りたいか」ということと「資金力」を考慮して設定してください。

Lesson4で説明したように、トラップ値幅と利益値幅をイコールにするとわかりやすい設定になるので、「利益値幅」は0.5円と入力し、「トラップ本数」を21本にするとトラップ値幅も0.5円になります。

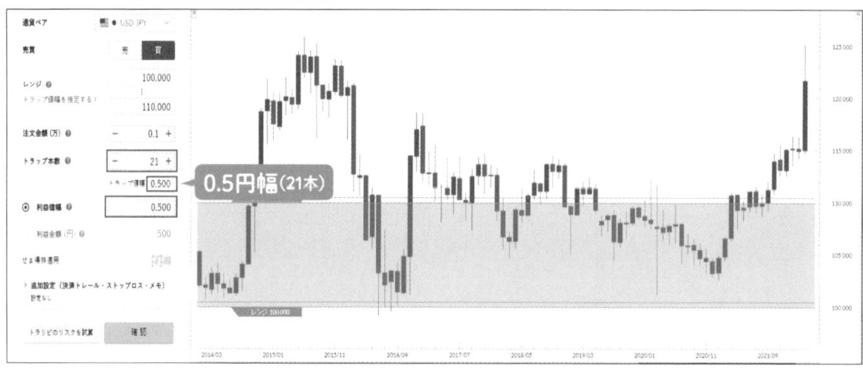

トラリピの注文設定 4

運用金額などから「注文金額」を決める

最後に「注文金額」です。注文金額とはトラップ1本あたりの注文量のことで、1本あたりいくら買うかの金額です。
ドル/円の最低取引価格が0.1万通貨＝1000通貨からとなっているので、ここでは一番小さい1000ドルとしましょう。

ドル/円 月足チャート 2014年1月～2022年3月

全項目を入力すると、左下の「トラリピのリスクを試算」というボタンが押せるようになるので、今回の設定のリスクを確認していきます。

順番にやっていくだけでいいから
わかりやすいですね！

ボタンを押すと次のような画面になるので、まず運用予定額に、実際に入金する金額を入れます。ここでは、マネースクエアの平均預託額を参考に200万円としましょう。

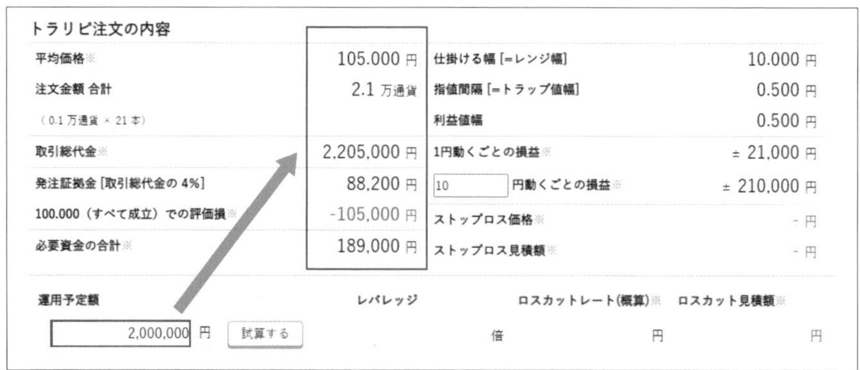

トラリピ注文の内容

平均価格※	105.000 円	仕掛ける幅［=レンジ幅］	10.000 円
注文金額 合計	2.1 万通貨	指値間隔［=トラップ値幅］	0.500 円
（0.1 万通貨 × 21 本）		利益値幅	0.500 円
取引総代金※	2,205,000 円	1円動くごとの損益※	± 21,000 円
発注証拠金［取引総代金の 4%］	88,200 円	10 円動くごとの損益※	± 210,000 円
100.000（すべて成立）での評価損※	-105,000 円	ストップロス価格※	- 円
必要資金の合計※	189,000 円	ストップロス見積額※	- 円

運用予定額	レバレッジ	ロスカットレート(概算)※	ロスカット見積額※
2,000,000 円 試算する	倍	円	円

まず、レンジを100円から110円で設定したので、平均価格は105円となります。
そして、1本当たりの注文金額は1000通貨としたので、注文金額の合計は1000通貨×21本＝2.1万通貨、取引総代金は105円×2万1000ドル＝220万5000円になることが表示されていますね。

その下の「発注証拠金」については、この取引総代金の4%なので8万8200円になります。

そして、レンジの下限である100円までレートが下がったときの評価損は10万5000円となり、これら※を合わせた必要資金の合計は18万9000円になります。

※すべて成立時の評価損＋レンジ下限のレートで計算した必要証拠金

次に、「試算する」を押すと、レバレッジやロスカットレートが表示されます。

レバレッジは、資金に対して実際に取引する金額が何倍なのかを表した数字（実質レバレッジ）です。

FXのレバレッジは25倍と決まっていますが、口座に預け入れている金額が大きければ、その分、実質的なレバレッジは下がることになるので、より安心感のある取引ができることになります。

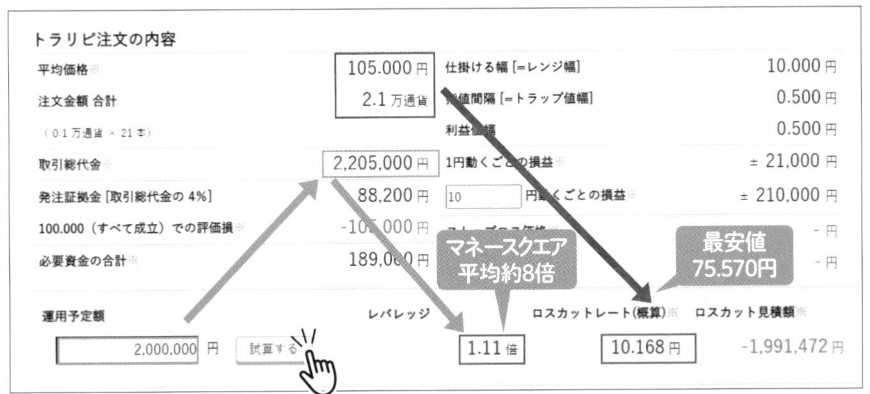

今のレバレッジは1.11倍ってなってますね。
これは高いのかなあ…？

マネースクエアの平均レバレッジは約8倍※なので、それに比べると低い運用になっていますね！ ※2022年3月末時点

続いて、右側のロスカットレートは10.168円となっているので、この金額まで下がるとロスカットされるということです。

ドル/円の過去最安値が75.57円だったから、それよりもだいぶ下のほうにロスカットレートがある状態ですね。ということは、かなり余裕のある運用ですよね？

そうですね。まだ余力があるなと感じられる場合は、もう少し注文金額を増やしてもいいでしょう。
今、注文金額は0.1万通貨＝1000ドルとしていたので、これを少しずつ増やしてみます。
2000ドルまで増やすとロスカットレートは59.771円、
5000ドルまで増やすと89.533円とロスカットレートが上がっていきます。

ドル/円 月足チャート 2011年1月～2022年3月

このように注文金額を少しずつ増やしてみて、自分のリスク許容度に合わせて注文金額を決めてみるのもいいですね。

まとめると下図のようになっていて、マネースクエアの平均レバレッジを下回るのは注文金額7000ドルのときで、ロスカットレートがドル/円の過去最安値を下回るの3000ドルのときとなっています。

運用予定額	200万円
通貨ペア	ドル/円
注文レンジ	100～110円
トラップ本数	21本

注文金額	ロスカットレート	レバレッジ
7000ドル	95.202円	7.72倍
5000ドル	89.533円	5.52倍
3000ドル	76.306円	3.31倍
1000ドル	10.168円	1.11倍

マネースクエア平均レバレッジ約8倍

最安値 75.570円

マネースクエアの平均レバレッジくらいで抑えようと思えば注文金額は7000ドル程度になって、ドル/円の過去最安値程度まで下がる可能性を想定するなら注文金額3000ドル程度にしてみるのもいいでしょう。

最終的な注文金額を決めてトラリピを設定すれば、いよいよ運用が始まります。
ここでは注文金額を5000ドルにした場合を見ていきます。

基本的なトラリピの運用方法

トラリピを注文して運用を始めると、レートが設定したレンジを抜けてしまうことがあります。そんなときはどうしたらいいのでしょうか。
そういった場合の基本的なトラリピの運用方法について紹介します。

ケース1

レンジを上抜けた場合

レートがレンジを**上抜けた場合、またそのレンジに戻ってくると考えるなら、設定しているトラリピはそのまま**でかまいません。

仮に**レートがさらに上昇して、上のほうで動きそうであれば、**ポジションはすべて決済されて利益を獲得しきっているので、**いったんこの100～110円のトラリピは取り消して、今のレートを参考に新しいトラリピを仕掛けなおすのがいい**でしょう。

ケース 2

レンジを下抜けた場合

反対に、レートがレンジを下抜けた場合にはどうすればいいでしょうか？

これも、**レンジ内に戻ってくると考えるなら、持っているポジションが決済されて利益になっていくので、そのままでいいでしょう**。

ところが、**レートがさらに下がってしてしまうと、まだポジションを持っている状態なので、下がるほど評価損が拡大**してしまいます。

このトラリピのロスカットレートは89.533円でした。ロスカットを避けるのであれば、方法は2つあります。「ポジションの一部決済」か「追加入金」です。

仮に100万円を追加入金して300万円で運用すると、ロスカットレートは79.613円まで下がります。

こういった形でリスク管理しながら運用するのが、基本的なトラリピの運用方法です。

なるほど～。レートの動きに合わせて
柔軟な対応が必要なんですね。

利益の極大化を狙う「決済トレール」

ケース①のようにレートがレンジを上抜けて
さらに上昇していった場合、利益確定しないで持って
いたらもっと儲かるのに、なんだかもったいないですね。

通常のトラリピの場合、レートが上下を繰り返すことによって
利益を積み重ねることができます。
しかし、**売りが成立した後に上昇トレンドが発生すると取り損ねた利益が出てしまい、「売らずに持っておけばよかった」という後悔につながることもあります。**

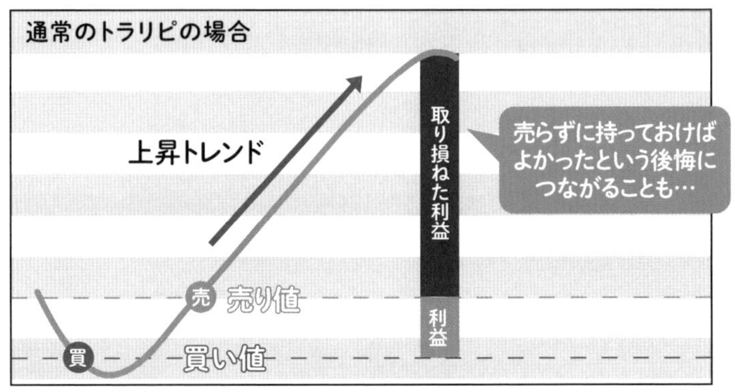

そこで、トラリピの便利な追加機能「**決済トレール**」を紹介します。

決済トレールとは、**決済価格がトレンドを追いかけることで利益の極大化を狙うトラリピの機能**です。トレール（trail）は、「追いかける」「後を追う」という意味です。

トラリピに決済トレールを設定しておくと、上昇トレンドを追いかけるように決済価格がどんどん移動していきます。

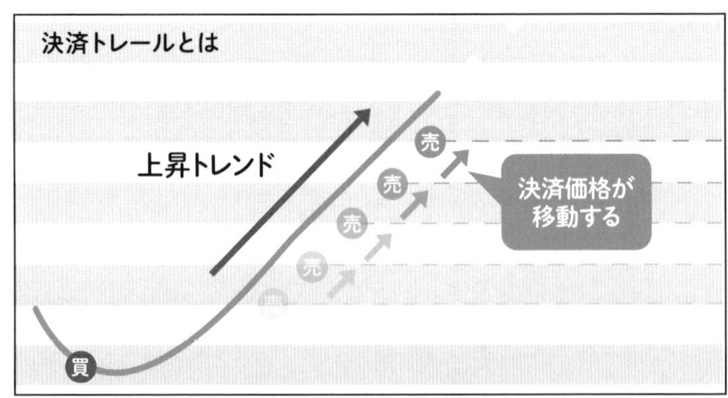

そしていずれトレンドが反転し決済価格を下回ったら、システムが成行で決済して利益を確定します。

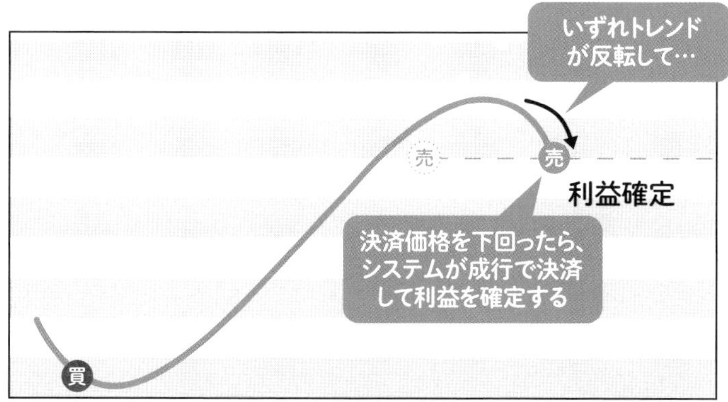

決済トレールを設定しない場合は、最初に決定した利益値幅での決済を目指すことになりますが、**決済トレールを設定することでより大きな利益が期待できる**ようになります。

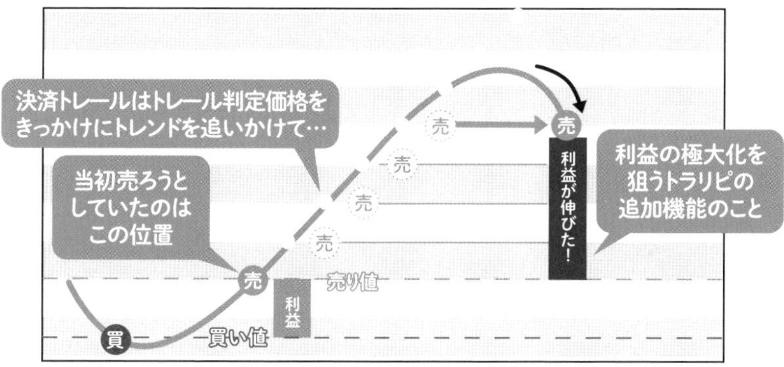

もちろん、決済された後はリピートで新たな買い注文が自動的に設定されます。

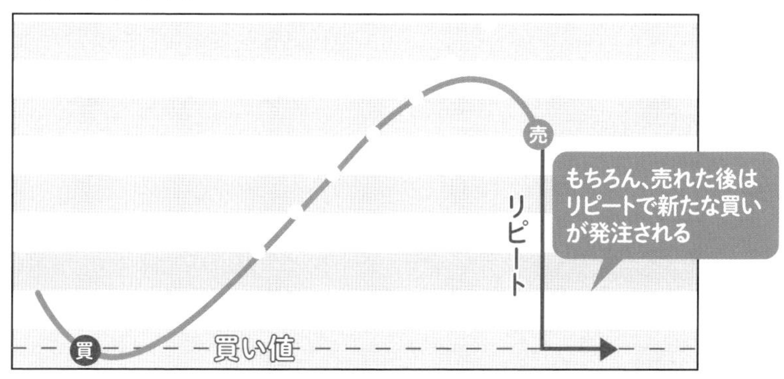

上昇トレンドが発生したとき、
利益が大きくなるのは嬉しいですね！

決済トレールとは？

決済トレールとは、決済価格がトレンドを追いかけることで
利益の極大化を狙うトラリピの追加機能のこと。
トレール（trail）は、「追いかける」「後を追う」という意味がある。

決済価格が移動するきっかけ「トレール判定価格」

ところで、どんな条件のときに、
決済価格は上がっていくんですか？

決済価格が移動するカギは、「**トレール判定価格**」にあります。

たとえば100円で買って100.40円で売る（決済する）という決済トレール付きのトラリピを仕掛けるとすると、決済価格から＋0.20円ごとにトレール判定価格が自動設定されます。
100円で買ったあと最初に100.40円に達しても、この時点では利益確定の売りは成立しません。レートが最初のトレール判定価格（100.60円）に達した時点で初めて「下がったら決済する」という注文としての効力を発揮します。

しかし、**レートが下がらず、さらに上がり次の判定に達すれば、トレンドに沿って決済価格が移動**します。以降もレートが判定に達するたびに決済価格が移動し、上がっていきます。

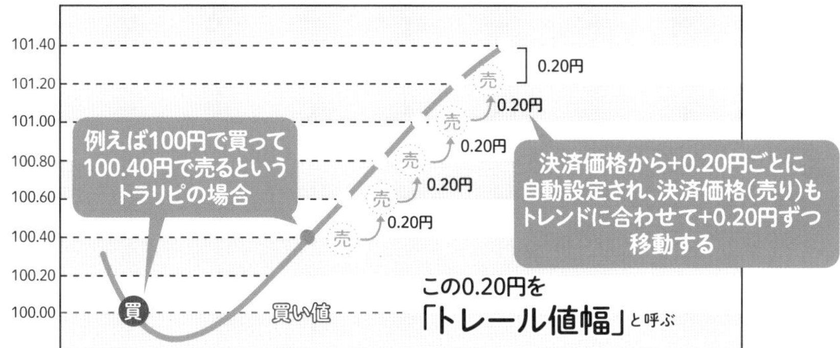

その後、**レートが次の判定価格に達しなければ、決済価格は移動せず、有効になっている決済価格までレートが下がった段階で決済され、利益が確定**します。これが「決済トレール」の働きです。

ちなみにトレール判定価格は、買いトラリピの場合は決済価格から＋0.20円ごとに自動設定され、売りトラリピの場合は決済価格から-0.20円ごとに自動設定されます。◀ 原則として±0.20円で固定ですが、通貨ペアによって異なります。

この**0.20円を「トレール値幅」と呼びます**。

トレール判定価格

トラリピに決済トレールを設定した場合、決済価格から＋0.20円（買いトラリピの場合。売りトラリピの場合は－0.20円）ごとにトレール判定価格が自動設定される。

最初の決済価格に達しても利益確定の売りは執行されず、
決済価格はトレンドに合わせて＋0.20円上に移動する。

⬇

レートが「トレール判定価格」に達するたびに
決済価格は0.20円上がっていく。

⬇

一度でもトレール判定価格に達した後は、
トレンドが反転して決済価格に達すれば、自動的にポジションが決済される。

●「ストップロス」で損失拡大を防止

投資では利益を伸ばすのと、損失を減らすという両面が大切です。利益を伸ばす決済トレールに対し、損失を減らすために活用してほしいのが「ストップロス」です。

マネースクエアには一定水準になったら自動で損切りするロスカット制度がありますが、
「この水準を下回ったら損切りしたほうがいいだろう」
「損失額は●万円以内にとどめたい」
というように、**あらかじめ自分で指定するレートで損失を確定するための機能がストップロス**です。

ロスカットによる損失拡大を防ぐために“自分で設定する損切り価格”ということですね。

その通りです。ただし、ストップロスは注文後に追加・価格変更はできますが、一度設定すると解除はできないので注意してください。

Lesson 6

トラリピ向き通貨ペアとは?

本章では、トラリピ向き通貨ペアの一つである
「豪ドル/NZドル」について解説します。
「豪ドル/NZドル」はショック相場にも強く、
狭いレンジを動くのが特徴です。
オーストラリアとニュージーランドの国の経済状況から
通貨の特徴まで深掘りします。

※「豪ドル」は主にオーストラリアで用いられている通貨の名称で、通貨コードはAUD。「NZドル」は主にニュージーランドで用いられている通貨で、通貨コードはNZD。単に「ドル」と表記しているものは米ドルのことで、通貨コードはUSD。

トラリピ向きのおすすめ通貨ペアは?

トラリピの使い方はよくわかったけど、
FXっていろいろな通貨がありますよね?
どんな通貨でやるのがいいんですか?

たしかに数十から100種類近くの通貨ペアを取引できるFX会社もあるほどで、どの通貨ペアから始めればいいのか、悩んでしまいますよね。
最初に、通貨ペアの選び方のコツについてお話ししましょう。

まず、FX業界全体ではドル/円が68%と、圧倒的な人気の通貨ペアとなっています。ドル/円は日本人にとって馴染みがあって、テレビや新聞、ネットニュースからの情報も豊富なため、値動きやその理由がわかりやすいというメリットがあります。
次は、ボラティリティ（変動率）が大きい英ポンド/円が10%で続きます。FXトレーダーの間で英ポンド/円は、その値動きの大きさゆえに人気の通貨ペアとなっています。

それに対して、マネースクエアのトラリピでの人気通貨ペアは豪ドル/NZドルが42%、続いてカナダドル/円が14%、ドル/円が9%、ユーロ/英ポンドが7%となっています。人気が分散されているのが特徴ですね。(2021年4月〜2022年3月)

基本的に為替はレンジで動きやすい傾向があるのでトラリピと相性がよいのですが、やはり投資である以上、どれか**1つの通貨ペアだけでなく、値動きが異なる2〜3つ程度の通貨ペアを投資対象として「分散投資」したほうが安定した運用ができる**

と考えられます。

そのなかでも、**トラリピ向き通貨ペアの一つとして「豪ドル/NZドル」に注目**してみましょう。

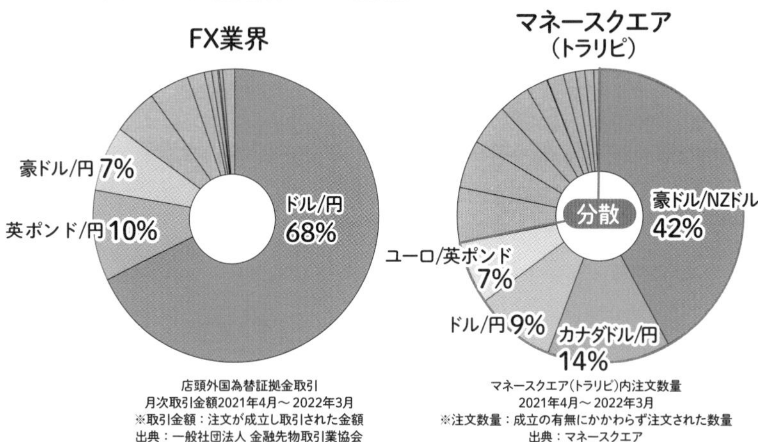

トラリピでは豪ドル/NZドルが人気なんですね。
なんで豪ドル/NZドルがトラリピ向きなんですか？

はい、その理由は大きく2つあって、

❶ ショック相場に強く、ロスカットされにくいから

❷ 狭いレンジでの値動きが多く、リピートしやすいから

というものです。

それでは具体的に、2つの理由を解説していきますね。

共通点の多いオーストラリアとニュージーランド

オーストラリアとニュージーランドは共通点が多い国同士です。国旗もそっくりですし、政治体制も同じ、そして国家元首も同じです。

違う点としては、ニュージーランドと比べオーストラリアの面積は28倍大きく、人口やGDPの規模もオーストラリアのほうが大きくなっています。

	オーストラリア		ニュージーランド
政治体制	立憲君主制		立憲君主制
元首	チャールズ三世国王陛下 （英国王兼オーストラリア王） ※豪連邦総督が王権を代行		チャールズ三世国王陛下 （英国王兼ニュージーランド王） ※ニュージーランド総督が王権を代行
面積	769万2024万㎢	28倍 ←	27万0534㎢
人口	2575万人（2021年）	5倍 ←	511万人（2021年）
GDP	1兆6352億ドル（2021年）	6倍 ←	2469億ドル（2021年）
主な輸出品	鉄鉱石、石炭、天然ガス	資源	酪農製品、肉類、木材

出所：日本外務省資料、リフィニティブ、IMF「World Economic Outlook database: October 2022」より作成

オーストラリアとニュージーランドは共通点が多いものの、経済規模はオーストラリアのほうが大きいということですね。

そして、オーストラリアは鉄鉱石や石炭、天然ガスといった採掘した資源、ニュージーランドは乳製品や肉類など酪農によって産み出された資源の輸出が盛んなので、どちらも「資源国通貨」と呼ばれています。

ではその資源の輸出先を見ると、オーストラリアは主に中国に、

ニュージーランドは主に中国とオーストラリアに輸出していることがわかります。

一方、輸入先を見ると、オーストラリアは中国から、ニュージーランドは中国とオーストラリアとなっています。このことから、**どちらも同じような経済圏で動いていて、なかでも中国との貿易が盛んな**ことがわかります

輸出先（2020年金額ベース）

オーストラリア

中国 41%
日本 13%
韓国 6%
米国 5%
台湾 5%
その他 30%

ニュージーランド

中国 28%
オーストラリア14%
米国 11%
日本 6%
韓国 3%
その他 38%

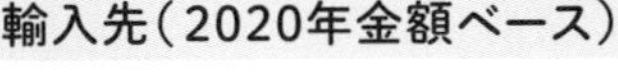

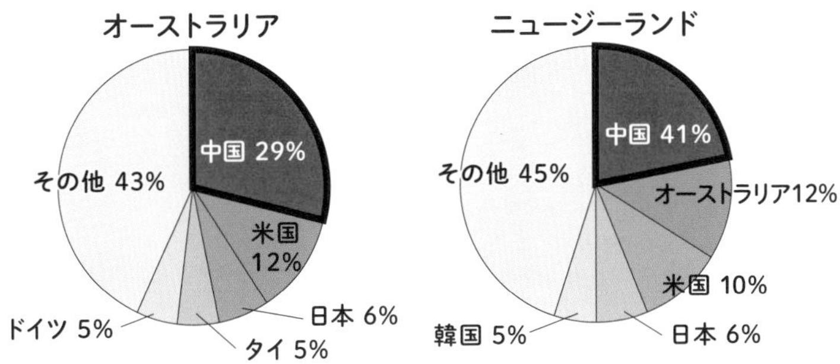

出所：IMF DATAより作成

オーストラリアとニュージーランドは地理的にも近いし、いろんなところが似ているんですね。

● 豪ドル/円・NZドル/円と豪ドル/NZドルの関係

このように同じような経済圏で動いていて、特徴が似ているオーストラリアとニュージーランドですが、**豪ドル/円とNZドル/円のチャートを見ると似かよった値動きをしていることがわか**りますよね。

上がるときも下がるときもタイミングはだいたい同じで、違いといえば、先ほどお話ししたようにオーストラリアのほうが経済規模が大きいこともあって、豪ドル/円のほうがNZドル/円よりも高く推移していることくらいでしょうか。

ちなみに豪ドル/NZドルのレートは、豪ドル/円÷NZドル/円で算出されます。

豪ドル/円とNZドル/円、豪ドル/NZドルの推移（月足終値）

2008年1月〜2022年11月

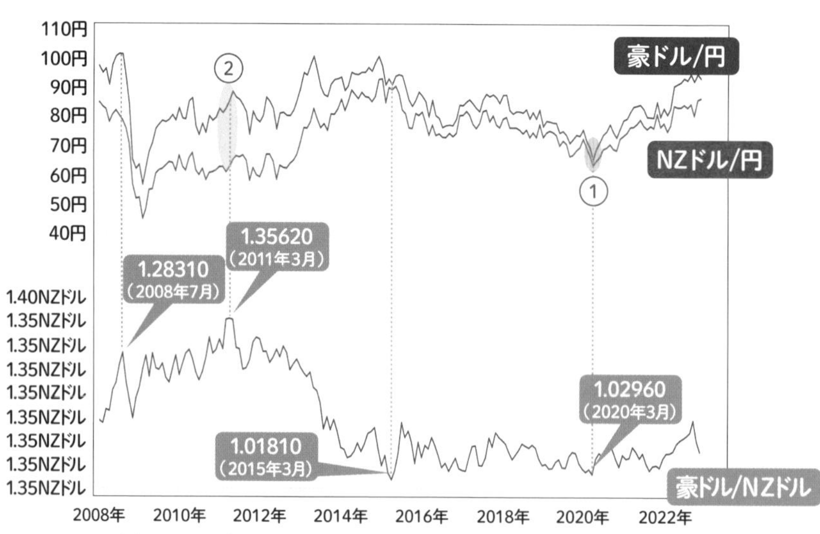

出所：リフィニティブより作成

たとえば、このチャート内の①の部分をピックアップして見ると、豪ドル/円が65円でNZドル/円も65円だとすると、豪ドル/NZドルは1豪ドル＝1.00NZドルとなります。◀65円÷65円＝1.00
つまり、**豪ドル/円とNZドル/円の価値が等しいとき、豪ドル/NZドルは1.00になる**ということです。

次に上のチャート内の②の部分を見ると、豪ドル/円が90円でNZドル/円が65円だとすると、豪ドル/NZドルは1豪ドル＝1.38NZドルとなります。 ◀90円÷65円＝1.38
このとき、1.00と比較して、豪ドルのほうが38%割高な状態になっています。

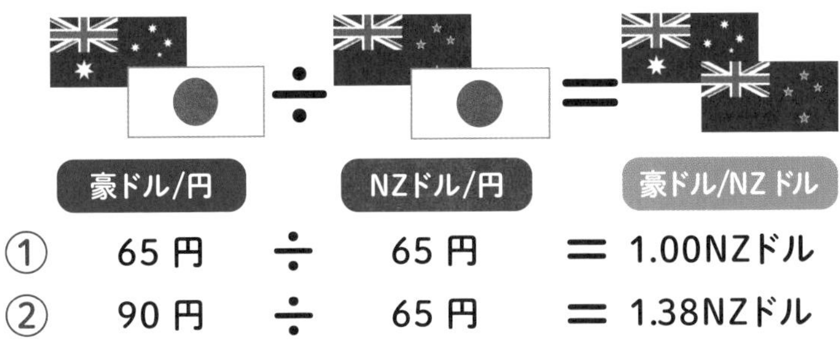

※上記豪ドル/NZドルの相場は豪ドル/円およびNZドル/円の相場をもとに簡易的に計算したものです。

つまり、**豪ドル/円とNZドル/円のチャートが離れているとき、豪ドルは割高になっているので、豪ドル/NZドルのチャートは上昇する**ことになります。

一方、**豪ドル/円とNZドル/円のチャートが近づいているときは、豪ドル/NZドルのチャートは下落**して、1.00近辺で推移していることがわかりますね。

● ショック相場に強い豪ドル/NZドル

豪ドル/NZドルの一番の特徴としてショック相場に強いということが挙げられます。

一番記憶に新しいショック相場といえば、2020年2～3月に起きたコロナショックがあります。

下の図は2020年2月3日を100として指数化したグラフです。

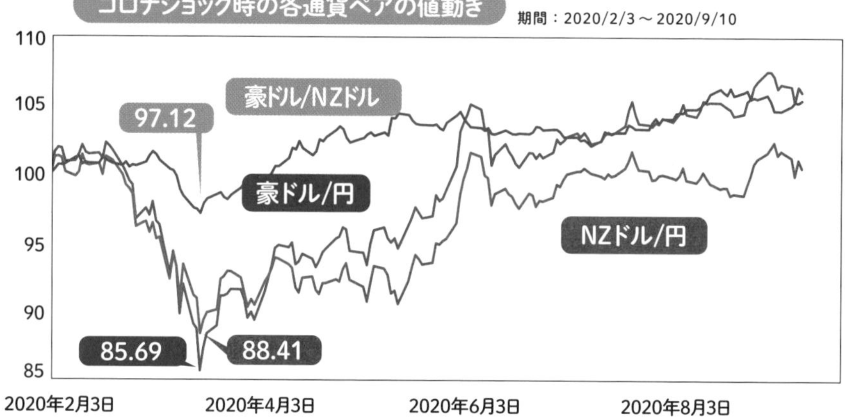

※2020/2/3終値を100として指数化
出典：豪ドル/NZドルはリフィニティブ、それ以外はマネースクエア「ヒストリカルデータ」より作成

豪ドル/円は約15%、NZドル/円は約12%下落していますね。

ここで注目してほしいのは、豪ドル/円とNZドル/円は似たような値動きをしているということです。

一方、豪ドル/円とNZドル/円から算出される**豪ドル/NZドルは3%も下落していないんです。**

その後、間もなく回復していることから、豪ドル/NZドルはショック相場に強く、その影響をあまり受けない通貨ペアであると言えそうです。

共通点が多い国同士でチャートの動きも似ているから、豪ドル/NZドルで見ると大きな値動きはあまりせず、その結果、ショック相場にも強いってことですね！

その通りです。次の表は、近年起きた主なショック相場のときの変動率をまとめたものです。

2015年以降の主なショック相場時の月間変動率

	チャイナショック（2015/8）	ブレグジット（2016/6）	トランプショック（2016/11）	アップルショック（2019/1）	コロナショック（2020/3）	平均
日経225	15.74%	13.35%	13.64%	8.40%	25.72%	15.37%
NYダウ	13.19%	5.37%	7.39%	10.72%	34.73%	14.28%
AUD/JPY	11.63%	11.50%	9.82%	11.47%	16.66%	12.21%
NZD/JPY	14.89%	11.26%	9.79%	7.88%	12.80%	11.32%
AUD/NZD	3.55%	3.09%	3.20%	2.09%	5.14%	3.41%
USD/JPY	7.34%	10.87%	12.72%	4.92%	9.74%	9.11%
CAD/JPY	9.05%	10.63%	13.38%	7.77%	9.61%	10.08%
EUR/JPY	2.92%	11.38%	6.61%	5.44%	4.26%	6.11%
GBP/JPY	6.15%	17.12%	13.08%	9.02%	10.97%	11.25%
MXN/JPY	12.64%	13.54%	14.97%	8.44%	23.23%	14.56%
ZAR/JPY	11.22%	15.93%	10.57%	14.36%	16.09%	13.63%
EUR/GBP	6.71%	10.16%	6.61%	5.46%	10.49%	7.88%
USD/CAD	3.07%	3.26%	2.42%	3.99%	10.09%	4.56%

ショック相場時に平均して豪ドル/円は12%くらい、NZドル/円は11%くらい下がっていますね。
ところが、豪ドル/NZドルは3%くらいしか動いていません。

実際に、豪ドル/円とNZドル/円のチャートも見てみましょう。
次のチャートは「26週エンベロープ」といって、26週移動平均線から2%離れたところに緑の線、4%離れたところに青の線が描かれています。
26週移動平均線というのはだいたい半年間の値動きを平均したもので、エンベロープはここからどれくらい離れているのかが一目でわかるテクニカル指標の一つです。

出所：マネースクエア「ヒストリカルデータ」より作成

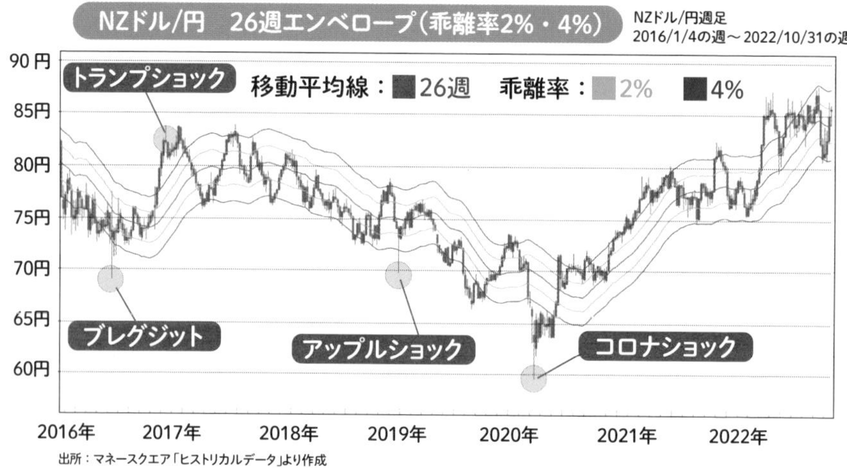

出所：マネースクエア「ヒストリカルデータ」より作成

豪ドル/円とNZドル/円の実際のレートがエンベロープの4%の青い線からはみ出した部分がショック相場の発生時期と重なっています。

豪ドル/円やNZドル/円でトラリピを仕掛けてコツコツと利益を積み上げることができても、こういったショック相場で大きな含み損を抱えたり、ロスカットにかかってしまったりする恐れがあることに注意が必要です。

では、**豪ドル/NZドルのチャートを見てみましょう。ショック相場でも青い線にほぼ収まっている**ことがわかりますよね。

豪ドル/NZドル　26週エンベロープ（乖離率2%・4%）

豪ドル/NZドル週足
2016/1/4の週～2022/10/31の週

出所：マネースクエア「ヒストリカルデータ」より作成

トラリピをこのレンジに仕掛けていたら、レンジを外れて大きな含み損を抱えたりロスカットになったりするリスクを最小限に抑えることができそうですね！

豪ドル/NZドルの特徴

豪ドル/NZドルはショック相場に強く、また狭いレンジでの値動きが多いため、トラリピに向いている通貨ペアと言える。

豪ドル/NZドルが動く要因

豪ドル/NZ ドルがショック相場に強いということはわかったけど、どんな要因で動きやすいんですか？

2008年から現在までの豪ドル/NZ ドルのチャートを大まかに見てみましょう。

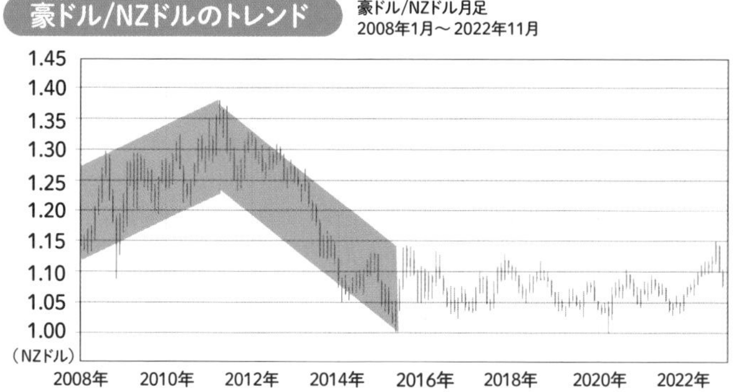

出所：リフィニティブより作成

2008年から2011年頃までは上昇傾向が続いていました。

そこから2015年頃までは下落傾向が続いていましたが、それ以降、直近6～7年くらいは、ほとんど同じような狭い範囲を行ったり来たりしている状態が続いています。

まさにトラリピ向きのレンジ相場ですね！
これからもこのレンジ相場が続くのかなあ…。

豪ドル/NZドルの上げ下げの要因として一番注目したいのが、**オーストラリアとニュージーランドの政策金利の差**です。
豪ドル/NZドルのチャートの上に、オーストラリアとニュージーランドの政策金利の差のグラフ重ねると、次のようになります。

豪ドル/NZドルと政策金利差のチャート

豪ドル/NZドル月足（左軸） 2008年1月～2022年11月
── オーストラリア準備銀行（RBA）政策金利とニュージーランド準備銀行（RBNZ）の政策金利の金利差（右軸）

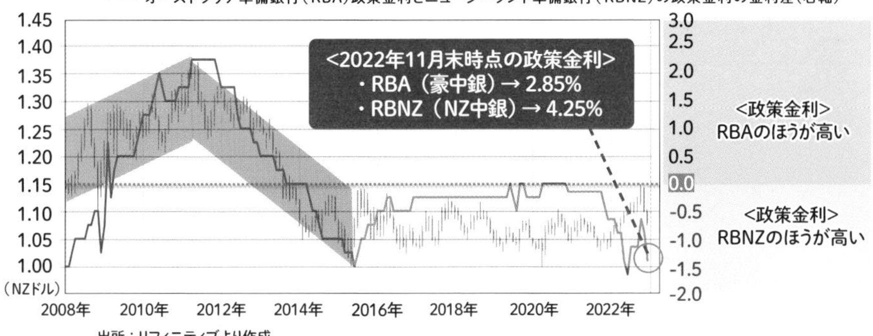

出所：リフィニティブより作成

政策金利の差と豪ドル/NZドルのチャートは同じような動きをしていますね！

そうなんです。この政策金利の差から相場の変動を予想するとき、ポイントになるのは「**金利差がゼロより上か下か**」です。

金利差がゼロより上のところはオーストラリアの金利のほうが高い局面になり、ゼロより下のところはニュージーランドの金利のほうが高い局面になっています。**オーストラリアの金利のほうが高くなるにつれてチャートは上昇し、ニュージーランドの金利のほうが高くなるにつれて下落する傾向がある**ことがわかりますね。
このように、オーストラリアとニュージーランドの政策金利の動向に注目するのも有効と言えるでしょう。

豪ドル/NZドルのチャートの特徴

豪ドル/NZドルが変動する要因の一つは、「オーストラリアとニュージーランドの政策金利の差」。
オーストラリアの政策金利のほうが高くなるにつれてチャートは上昇し、ニュージーランドの政策金利のほうが高くなるにつれて下落する傾向がある。

Lesson 7

トラリピの実践的戦略「ハーフ&ハーフ戦略」

本章では、トラリピの実践的戦略「ハーフ＆ハーフ戦略」に
ついてご紹介します。
「ハーフ＆ハーフ戦略」を一言でいえば、
「売りと買いのトラリピを半分ずつ設定する戦略」のこと。
Lesson5で解説した基本的な運用方法よりも
効率のいい資産運用が期待できます。
この戦略はさらなる実践的・応用的戦略の基礎となるもの。
ぜひ身につけて、さらなるパフォーマンスアップを目指しましょう。

ストラテジストが策定するトラリピ戦略リスト

トラリピでより効率的な運用や高いパフォーマンスを実現するにはどんな設定がいいのでしょうか。
マネースクエアでは、さまざまなトラリピ戦略をストラテジストが提案しています。

ここからは、より実践的なトラリピ戦略を使いこなせるようになるための基礎となる「ハーフ＆ハーフ戦略」について解説します。

ハーフ&ハーフ戦略とは?

トラリピ戦略リストで紹介されている
「ハーフ&ハーフ戦略」ってどういうものですか?

基本的に投資は、「買い」の場合は安く買って高く売る、「売り」の場合は高く売って安く買い戻すことで儲かりますよね。

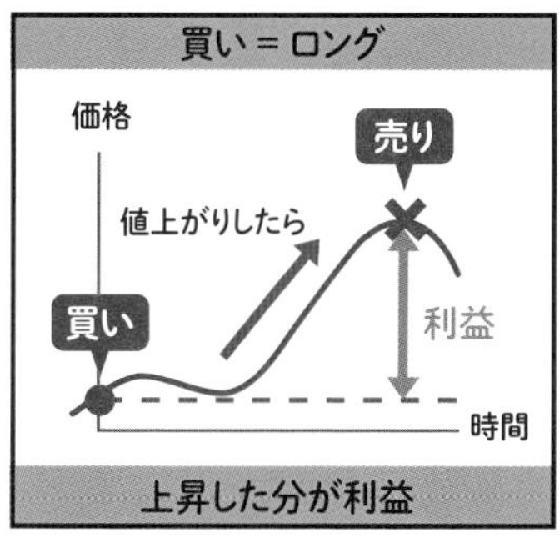

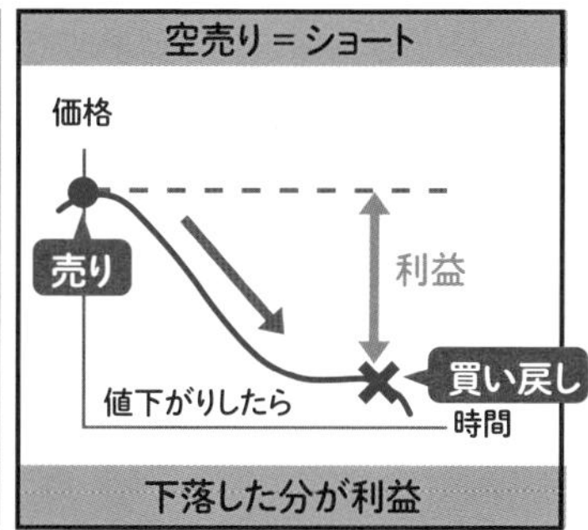

大事なのは、**買いのときにはできるだけ高い価格帯では買わず、売りのときはできるだけ安い価格帯では売らないこと。**
そこで、予想したトラリピのレンジ内で、**上半分に売りトラリピを、下半分に買いトラリピを仕掛ける**ことで、「**レンジ内の高値で買わず、安値で売らない**」のが**ハーフ&ハーフ戦略**です。

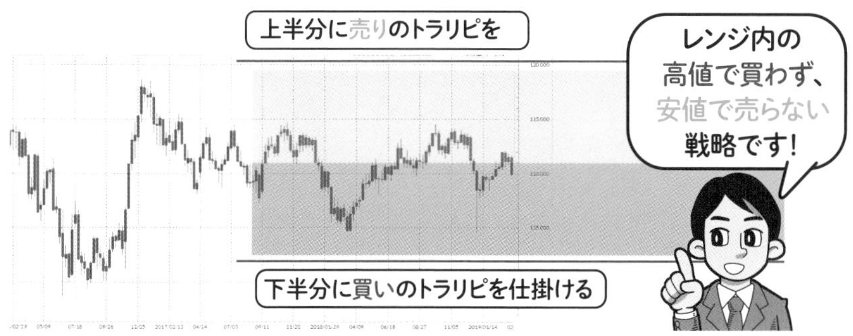

ハーフ＆ハーフ戦略は高値で買わない、安値で売らないというだけでなく、

- **同じレンジ幅のまま**
- **同じトラップ値幅のまま**
- **同じ本数のまま**

なのに、**トラリピに必要な資金を抑えることができる**というメリットもあります。

えっ、どうしてですか？

必要資金を抑えることができるハーフ&ハーフ戦略

では、通常のトラリピとハーフ＆ハーフ戦略で必要となる資金を比較してみましょう。

「80円から99円までのレンジで、計20本、1本あたり1万ドル買う」という買いトラリピを仕掛け、下図のような値動きがあったとします。

このとき、64万円の証拠金と、高値から安値（A地点）まで下がった場合の評価損として190万円、合計254万円の資金が必要になります。

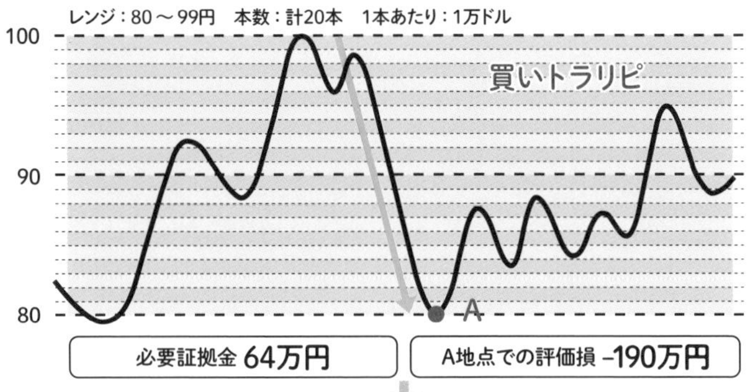

売りトラリピの場合も同じで、「81円から100円までのレンジで、計20本、1本あたり1万ドル売る」という売りトラリピを仕掛けるとします。
このとき、80万円の証拠金と、安値から高値（B地点）まで上がった場合の評価損190万円で、合計270万円の資金が必要になります。

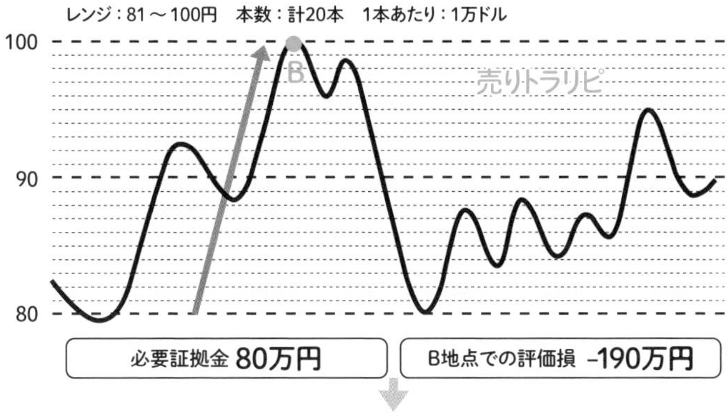

このようなケースだと、通常のトラリピでは買いでも売りでも250万円以上が必要なんですね。

はい、ところが、ハーフ＆ハーフ戦略だとどうなるでしょうか？「80円から89円まで計10本、1本あたり1万ドルの買いトラリピと、91円から100円まで計10本、1本あたり1万ドルの売りトラリピ」を仕掛け、同じ値動きをしたとします。
このとき、必要証拠金は約38万円に減り、真ん中からA地点とB地点での評価損は45万円、合計約83万円の資金だけで十分なのです。

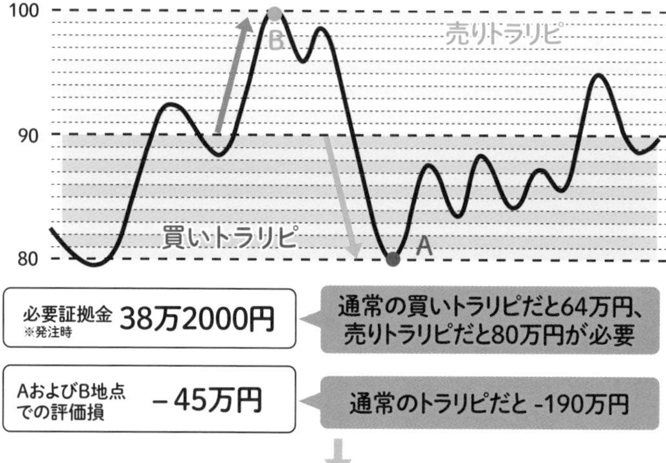

合計で約83万円の資金だけで済む

なんで必要証拠金も評価損も減るんですか？

❶ なぜ証拠金が減少するのか？

マネースクエアでは「**同一通貨ペアで売りと買い両方の注文があるときは、いずれか一方の金額の高いほうのみを証拠金として適用する**」というルールがあるからです。

このため、売り・買い両方の注文に対する証拠金を用意する必要はなく、証拠金の金額が減少します。

❷ なぜ評価損が減少するのか？

まず、買いトラリピの本数は半分になるため、最大のポジション数が少なくなり、下落したときの評価損は少なくて済みます。

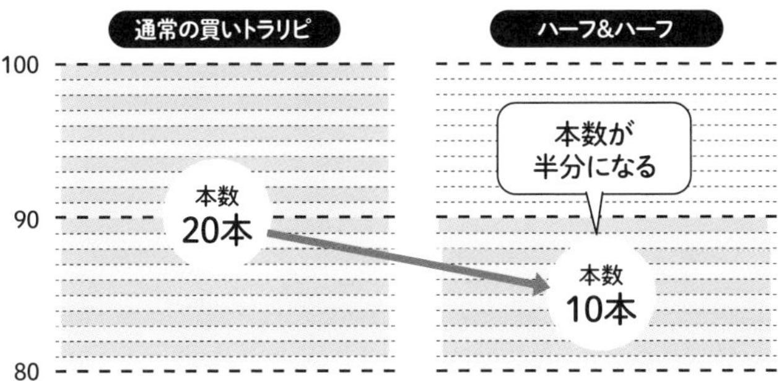

さらに、レンジも半分以下になるため、下落したときの評価損を抑えることができます。

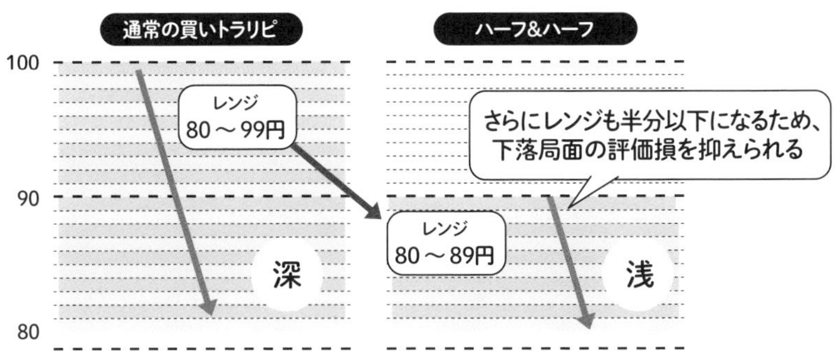

売りトラリピについても同様です。

これらの理由によって、**通常のトラリピだと254万円の資金が必要でしたが、ハーフ＆ハーフ戦略では約83万円でトラリピが設定でき、資金を抑えることができる**のです。

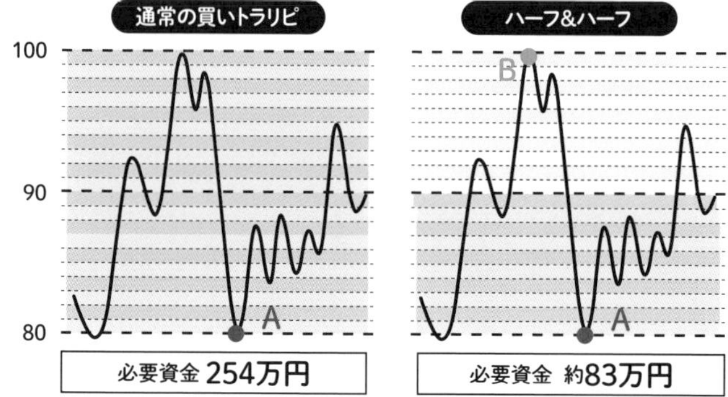

少ない資金でトラリピを発注できるということは資金効率がよくなるということですね！

ハーフ＆ハーフ戦略とは？

ハーフ＆ハーフ戦略とは、予想したレンジ内の上半分に売りトラリピ、下半分に買いトラリピを仕掛けることで、レンジ内の高値で買わず、安値で売らないトラリピ戦略のこと。

「同一通貨ペアで売りと買い両方の注文があるときは、いずれか一方の金額の高いほうのみを証拠金として適用する」というルールから証拠金を抑えることができる。

また、ハーフ＆ハーフでは買いと売りそれぞれのトラリピにおけるトラップの本数が半分になるので、評価損も抑えることができる。

これらの理由でトラリピに必要な資金を抑えることができ、資金効率の高い運用が可能となる。

ハーフ&ハーフ戦略のデメリット

ただし、**ハーフ＆ハーフ戦略には「レンジの上下双方に損失リスクがある」というデメリットがあります。**
まずは損失リスクについて比較してみましょう。

買いトラリピの場合は下がったとき、つまりレンジの下方に損失リスクが存在します。売りトラリピの場合は上がったとき、つまりレンジの上方に損失リスクが存在しますよね。

通常の取引であれば下か上か一方ですが、ハーフ＆ハーフの場合は、レンジの上下双方に損失リスクが存在します。レンジからレートが外れるリスクに、一層の注意が必要となります。

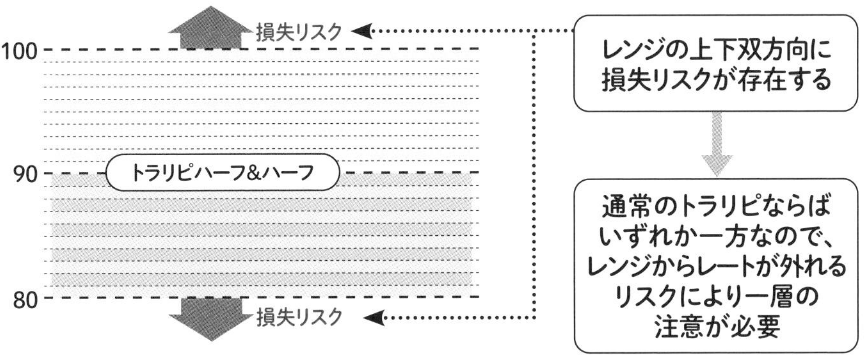

ハーフ＆ハーフ戦略のリスク

ハーフ＆ハーフ戦略では上下双方に損失リスクがある。
そのため、レンジからレートが外れないよう注意が必要となる。

※ハーフ＆ハーフ戦略では、両建て取引となる場合がございます。両建て取引は、売値と買値の価格差（スプレッド）や売り・買いポジションに係るスワップの差額をお客様にご負担いただくなど、経済合理性を欠く恐れがございますので、ご注意ください。

トラリピくんのエピソードでほっこり！

トラリピくん4コマまんが

作●したらみ

パーティ

身長

Lesson 8

負けない運用のための「リスク管理」

これまでトラリピの基本的な運用方法や、
より実践的な「ハーフ＆ハーフ戦略」などを紹介してきました。
トラリピでは資金を「増やす」ことも大事ですが、
しっかりとレンジを見極め、適切なポジションで
「リスクを抑えた運用」がより重要になります。
そのために役立つのが「トラリピ運用試算表」と
「リスクシミュレーション」です。リスクを可視化して
コントロールし、負けないトラリピ運用を目指しましょう。

● FXの4つのリスク

トラリピのリスク管理について解説する前に、FXの主なリスクである「為替変動リスク」、「ロスカットリスク」、「流動性リスク」、「金利変動リスク」についておさらいしておきましょう。

❶ 為替変動リスク

為替変動リスクは、為替が想定したのと異なる方向に変動し損失を被るリスクのことです。買った通貨が思惑を外れて値下がりをしたら損をしますし、売りから入った通貨が値上がりしたときも損をします。

❷ロスカットリスク

為替変動によって含み損を抱え、それがどんどん膨らみ証拠金の維持率が低下し一定の基準に達すると、ロスカットされてしまいます。
含み損のままなら損失は確定していませんが、ロスカットされると損失が確定してしまうので、最も回避したいリスクの一つです。
長期間投資し続けていくには、為替レートがどの水準になったらロスカットされるかを把握しておくことが大切です。

❸ 流動性リスク

買いたいところで買えない、売りたいところで売れないというリスクのことを「流動性リスク」といいます。流動性が低いのは一般的に取引量の少ない新興国通貨です。
また、紛争や自然災害、○○ショックといった金融危機が発生し、相場がパニック状態になったときには相場全体の流動性が低下し、一時的に売買が成立しにくくなったり、スプレッド（売値と買値の差）が拡大することもあります。

❹ 金利変動リスク

各国の政策金利が変わることなどで、もらえるスワップが変動し、受け取っていたスワップが支払いに転じたり、逆に支払いが受け取りに転じることもあります。また、豪ドル/NZドルでも解説したように、一般的に金利が下がるとその通貨の魅力が少なくなってしまうため、下落しやすくなります。
これらが、金利変動リスクです。

FXにおける主な4つのリスクですね。
まずはリスクをしっかりと知ることがリスク管理の第一歩として大事ですね！

● トラリピで留意すべき2つのリスク

投資では、リスクなくしてリターンはありません。リスクは怖がり避けるのではなく、正しく理解してコントロールすることが大切です。
先ほど紹介した4つのリスクはトラリピでももちろんありますが、特に注意すべきリスクが2つあります。

❶（買いトラリピの場合）レンジを上抜けた利益逸失リスク
❷（買いトラリピの場合）レンジを下抜けた損失拡大リスク

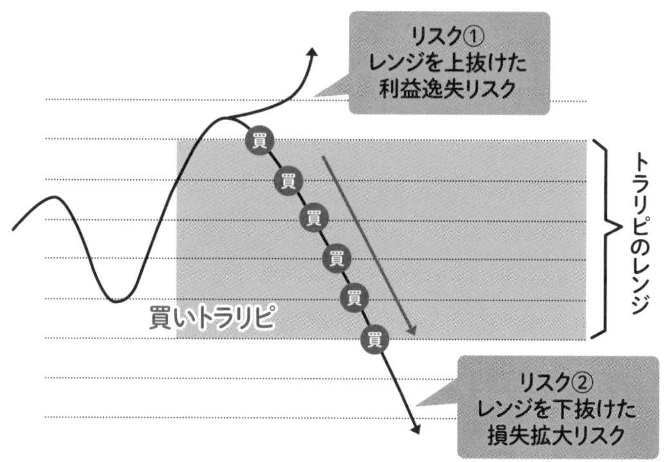

リスク 1

(買いトラリピの場合)レンジを上抜けた利益逸失リスク

買いトラリピの場合に、レートがレンジを上抜けてその分「儲け損なった」という状態が利益逸失リスクになります。これは損をしているわけではなく、あくまで「もっと儲けられたのに」ということなので、その対策としてはLesson5で解説したトレール機能などを使って収益を高めるのがいいでしょう。

リスク 2

(買いトラリピの場合)レンジを下抜けた損失拡大リスク

買いトラリピの場合、設定したレンジの下限を超えてレートが下落してしまうと、収益チャンスがなくなるのと同時に、損失が拡大します(売りトラリピの場合はレンジの上限を超えてレートが上昇すると、損失が拡大します)。

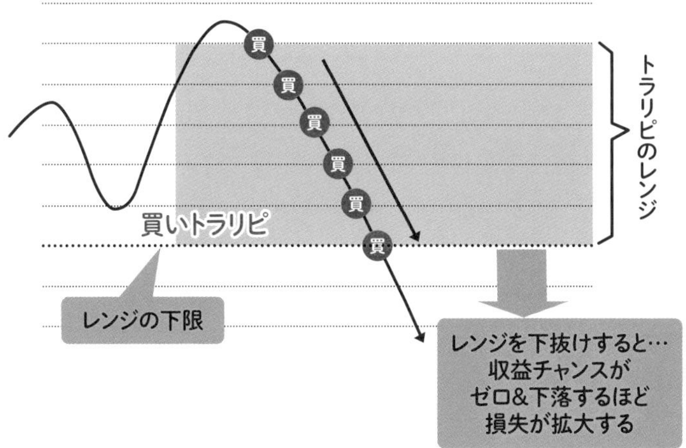

しかし、具体的にどうなったらどのくらいの損失が出て、為替レートがどの水準になったらロスカットされるのか、それらを明確に把握しないまま取引している人もいるようです。

リスクを明確に把握するためにはリスクを可視化して、具体的な数字で把握することが重要です。

その損失が発生した場合に許容できるかどうか?

例えば1ドル＝100円のときに10万ドルを買ったとします。その後、1ドル＝95円まで下がったら50万円の損失（評価損）が発生していることになります。

このケースのように、「**5円下がったら50万円の損失が発生するリスクを許容できるかどうか**」は個々人の資金力や投資スタンスによります。

1000万円で取引を始めた人にとっては、50万円は元手の5%に相当しますが、100万円で始めた人にとって50万円の損失は、投資金額の半分に相当します。通貨ペアにもよりますが、5円程度の値下がりは為替市場で起こり得ることで、100万円の資金で上記の取引を行うことはかなりハイリスクな取引といえるでしょう。

そこで、例えば1ドル＝100円ときに1万ドルを買ったとします。その後、1ドル＝95円まで下がったら5万円の損失、1ドル＝90円まで下がれば10万円の損失、1ドル＝80円まで下がったら20万円の損失となります。

このように、**どれくらい下がる可能性があり、そのときどれくらいの損失になるのか、その損失は果たして許容できるのか？**リスクを事前に想定して、ポジションを減らすなどのコントロールすることが大切です。

自分の予想と逆方向に行ったときの損失額が許容できる金額なのか、そうではないのかを取引の前に考えることがリスク管理の基本なんですね！

リスクを事前に想定していても、レートがレンジから外れることはあるでしょう。損失を抱える方向にレンジアウトした場合、どうするのか事前に決めておくといいでしょう。トラリピ運用で避けたい失敗は、ロスカットとレンジ外での値動きです。

リスクを可視化する「トラリピ®運用試算表」

トラリピを発注する前に、「すべて成立したときの評価損はいくらになるのか」「レートがいくらまで下がったらロスカットになるのか」など、さまざまなリスクを具体的に提示してくれる

「トラリピ®運用試算表」というツールがあります。

トラリピの設定条件を入力するだけで、リスク管理に不可欠な維持率やロスカットレートなどを即座に計算してくれます。

実際に使ってみたいですね！

たとえば、ドル/円に資金100万円で100～110円のレンジ内に21本の買いトラリピを仕掛けたとします。1本あたり0.5万通貨、1回のリピートで狙う利益は2500円とします。
このようなトラリピを仕掛け、トラリピ®運用試算表でリスクを試算したところ、すべて成立時の維持率は113.09%、ロスカットレートは99.454円という結果が算出されました。

項目	入力	単位
通貨ペアは？	米ドル円 例：米ドル/円	
運用予定額は？	1000000 例：1,000,000円	円
仕掛けるレンジ幅は？	100 ～ 110 円 例：75～100円	
レンジ内に仕掛ける本数は？	21 例：51本	本
1本あたり何通貨？	0.5 例：0.1万通貨 ※ただし南アランド円、メキシコペソ円は1万通貨単位	万通貨
1回のリピートでねらう利益は？	2500 例：500円	円
ストップロス設定は？［決済・売・逆指値］	設定する 例：101円	円

ポジションの平均価格	ポジションの合計	トラップ値幅
105.000 円	10.5万通貨	0.500 円
発注証拠金	すべて成立時の証拠金　①	すべて成立時の評価損　②
441,000円	420,000円	-525,000円
必要資金の合計（①−②）	すべて成立時の維持率	
945,000円	113.09%	
ストップロス損失額	ロスカット	
-円	99.454 円	

あっ、100〜110円のレンジで動くと想定してるのに、
ロスカット価格が99.454円なんですね。
これじゃあ、すぐにロスカットされてしまいそう…。

トラリピのリスクをコントロールする2つの方法

たしかにそうですね。つまり、この設定だとリスクが高すぎるということです。

では、どうすればいいか。リスクを抑えるには、「**①追加資金を投入する**」か、「**②ポジション数を減らす**」かです。

ここでは、「②ポジション数を減らす」について説明しますね。

トラリピのリスクをコントロールする方法 1

レンジ内に仕掛けるトラップ本数を減らす

一つ目の対処法は「レンジ内に仕掛けるトラップの本数を減らす」ということです。

100～110円の間に**0.5円間隔で合計21本仕掛けていますが、これを1円間隔で11本仕掛けると変更すると**、すべて成立したときの最大ポジション数は減り、リスクを抑えることができます。

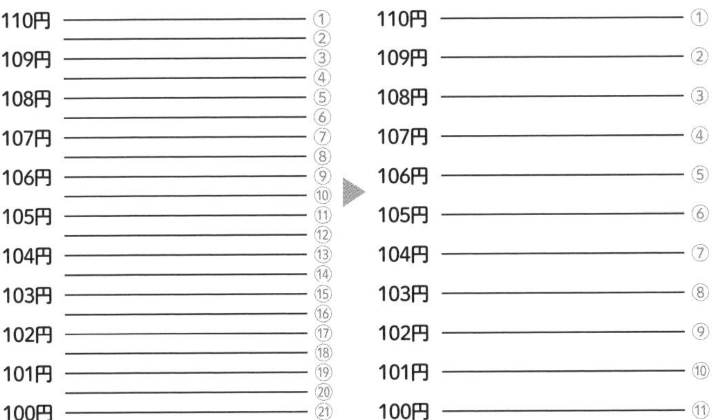

ちなみにこのとき、ポジションの合計は5.5万通貨と確実に減っていますし、ロスカットレートは99.454円から90.435円と遠ざかっています。

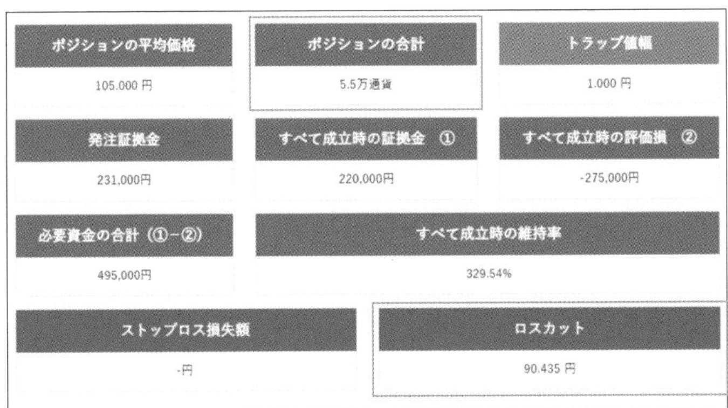

トラリピのリスクをコントロールする方法 2

1本あたりの注文金額を減らす

同じ21本を仕掛けるにしても、「1本あたり0.5万通貨買う」のではなく、**「1本あたり0.3万通貨買う」というように注文金額を減らすのもリスクを抑えることに有効**です。

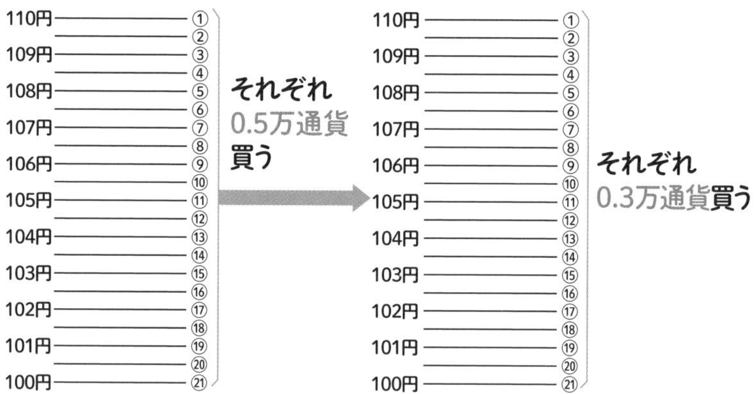

この場合もポジションの合計は10.5万通貨から6.3万通貨に減り、ロスカットレートは99.454円から92.84円に遠ざかっています。

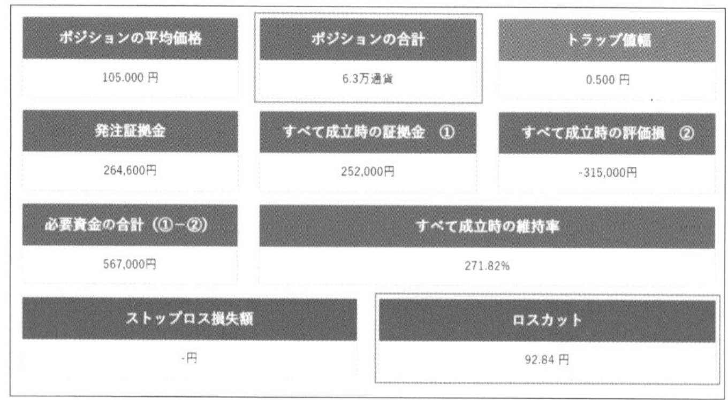

ポジションの平均価格	ポジションの合計	トラップ値幅
105.000 円	6.3万通貨	0.500 円
発注証拠金	すべて成立時の証拠金 ①	すべて成立時の評価損 ②
264,600円	252,000円	-315,000円
必要資金の合計（①－②）	すべて成立時の維持率	
567,000円	271.82%	
ストップロス損失額	ロスカット	
-円	92.84 円	

レンジ内の本数を減らしたり、1本あたりの注文金額を減らすと最大のポジション数も減ってリスクを抑えることができるんですね！

トラリピのリスクをコントロールする2つの方法

トラリピを発注する前には「トラリピ®運用試算表」を使ってリスクを可視化すること。リスクが高いと感じたら、

❶ レンジ内に仕掛けるトラップ本数を減らす

❷ 1本あたりの注文金額を減らす

などをして、リスクを抑えた設定に修正する。

トラリピを発注する前にはトラリピ®運用試算表を使ってリスクがどれくらいかわかりましたが、すでに運用しているトラリピのリスクを調べたいときはどうしたらいいですか？

その場合は、取引画面の「**リスクシミュレーション**」機能を使うのがいいでしょう。

トラリピ®運用試算表はこれから仕掛けるトラリピ単独で見たときのリスクをイメージしてもらうものですが、**リスクシミュレーションは個別のトラリピというより口座全体のリスク管理に役立つもの**です。

これから注文しようとしているトラリピはもちろんのこと、複数のトラリピや通貨ペアを設定してシミュレーションできますし、ポジションの一部決済、追加入金・出金した場合のシミュレーションなどもできます。

実際にリスクシミュレーション機能を使ってみましょう。

❶ 操作メニューの「入金・出金してみる」で100万円を入金

↓

❷「ポジションを持ってみる」で次のようなトラリピ設定を入力

レンジ：100～110円
売買：買い
トラップ本数：21本
注文金額：0.5万通貨

↓

❸「レートを変更してみる」でレートをドル/円の過去最安値75.57円まで下げる

すると、「ロスカットレート」は99.454円で、75.57円のときの証拠金維持率が-659%、発注可能額-2,407,544円になることがわかります。

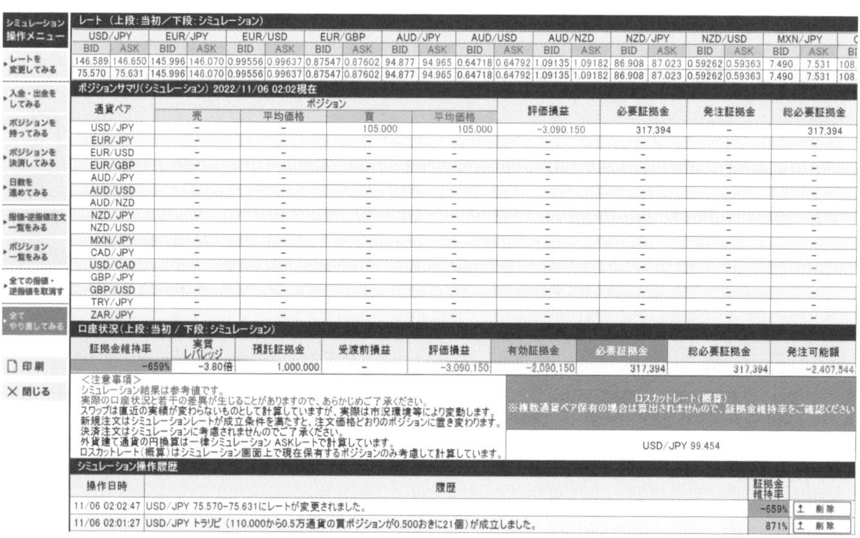

シミュレーション操作メニュー
- レートを変更してみる
- 入金・出金をしてみる
- ポジションを持ってみる
- ポジションを決済してみる
- 日数を進めてみる
- 指値・逆指値注文一覧をみる
- ポジション一覧をみる
- 全ての指値・逆指値を取消す
- 全てやり直してみる
- 印刷
- 閉じる

レート（上段：当初／下段：シミュレーション）

USD/JPY		EUR/JPY		EUR/USD		EUR/GBP		AUD/JPY		AUD/USD		AUD/NZD		NZD/JPY		NZD/USD		MXN/JPY		C
BID	ASK	BID	ASK	BID	ASK	BID	ASK	BID	ASK	BID	ASK	BID	ASK	BID	ASK	BID	ASK	BID	ASK	BI
146.589	146.650	145.996	146.070	0.99556	0.99637	0.87547	0.87602	94.877	94.965	0.64718	0.64792	1.09135	1.09182	86.908	87.023	0.59262	0.59363	7.490	7.531	108.
75.570	75.631	145.996	146.070	0.99556	0.99637	0.87547	0.87602	94.877	94.965	0.64718	0.64792	1.09135	1.09182	86.908	87.023	0.59262	0.59363	7.490	7.531	108.

ポジションサマリ(シミュレーション) 2022/11/06 02:02現在

通貨ペア	ポジション				評価損益	必要証拠金	発注証拠金	総必要証拠金
	売	平均価格	買	平均価格				
USD/JPY	–	–	105.000	105.000	–3,090.150	317,394	–	317,394
EUR/JPY	–	–	–	–	–	–	–	–
EUR/USD	–	–	–	–	–	–	–	–
EUR/GBP	–	–	–	–	–	–	–	–
AUD/JPY	–	–	–	–	–	–	–	–
AUD/USD	–	–	–	–	–	–	–	–
AUD/NZD	–	–	–	–	–	–	–	–
NZD/JPY	–	–	–	–	–	–	–	–
NZD/USD	–	–	–	–	–	–	–	–
MXN/JPY	–	–	–	–	–	–	–	–
CAD/JPY	–	–	–	–	–	–	–	–
USD/CAD	–	–	–	–	–	–	–	–
GBP/JPY	–	–	–	–	–	–	–	–
GBP/USD	–	–	–	–	–	–	–	–
TRY/JPY	–	–	–	–	–	–	–	–
ZAR/JPY	–	–	–	–	–	–	–	–

口座状況(上段：当初 / 下段：シミュレーション)

証拠金維持率	実質レバレッジ	預託証拠金	受渡前損益	評価損益	有効証拠金	必要証拠金	総必要証拠金	発注可能額
–659%	–3.80倍	1,000,000	–	–3,090,150	–2,090,150	317,394	317,394	–2,407,544

<注意事項>
シミュレーション結果は参考値です。
実際の口座状況と若干の差異が生じることがありますので、あらかじめご了承ください。
スワップは直近の実績が変わらないものとして計算していますが、実際は市況環境等により変動します。
新規注文はシミュレーションレートが成立条件を満たすと、注文価格どおりのポジションに置き変わります。
決済注文はシミュレーションに考慮されませんのでご了承ください。
外貨建て通貨の円換算は一律シミュレーション ASKレートで計算しています。
ロスカットレート(概算)はシミュレーション画面上で現在保有するポジションのみ考慮して計算しています。

ロスカットレート(概算)
※複数通貨ペア保有の場合は算出されませんので、証拠金維持率をご確認ください
USD/JPY 99.454

シミュレーション操作履歴

操作日時	履歴	証拠金維持率	
11/06 02:02:47	USD/JPY 75.570–75.631にレートが変更されました。	–659%	削除
11/06 02:01:27	USD/JPY トラリピ（110.000から0.5万通貨の買ポジションが0.500おきに21個）が成立しました。	871%	削除

※シミュレーション結果は参考値です。実際の口座状況と若干の差異が生じることがありますので、あらかじめご了承ください。

これではドル/円の過去最安値まで耐えられないので、発注可能額の金額2,407,544円を入金してみましょう。そうすると、証拠金維持率は100%になります。
このように「**レートを変更する**」で、**すべてのポジションを持たせた状態で証拠金維持率や評価損を確認**するようにしてください。

また、複数通貨ペアのリスクもシミュレーションできる点が、トラリピ®運用試算表とは違う点です。
ただし、複数通貨ペア運用されている場合、運用されているすべての通貨ペアのレートの動きがロスカットに影響を与えるため、ロスカットレートは算出されないので、証拠金維持率を見てリスクの大きさを確認してください。

入金したり出金したり、レートを変更したり、ポジションを増やしたり決済したり、いろいろな操作ができて、最大のリスクを確認できるんですね！
「日数を進めてみる」というのはどういうものですか？

たとえばスワップがもらえるポジションを持ち続けていた場合、日々スワップが貯まっていきますよね※。それにより、日数が経つほど有効証拠金が増え、証拠金維持率も高まっていくので、「○日後」の口座状況がどんなふうになっているのか、を見るのに役立ったりします。

※スワップは直近の実績が変わらないものとして計算していますが、実際は市況環境等により変動します。

トラリピ運用において重要なことは、時間を味方にしていくことです。いろいろと数字を変動させて、ロスカットレートや維持率を確認してください。

リスクは事前に把握しコントロールする

100万円の資金で75万円の損失が確定すると75%の損失になりますよね。すると、残高は25万円なので、元に戻すためには300%の利益を出さなければならないことになります。つまり、損益率の大きな損失ほど挽回が困難になってしまうのです。これが仮に10%の損失であれば、約11%の利益で挽回できます。

FXでは**取り返しのつかない大きな損失や、ロスカットにならないようにリスクを事前に把握し、コントロールすることが大切**になります。

Lesson5で紹介したように運用期間に合わせてレンジを決め、ロスカットにならないよう十分な余裕を持って取引をしてください。
そして、リスク次第では自ら ストップロスも設定し、最大損失額をコントロールすることも必要となります。

リスクを管理して負けない運用をすることが結果的に長くトラリピを続け、稼ぎ続けるコツなんですね！

Break Time

トラリピ取消

Q.トラリピを取り消したいんですけど、どうすればいいですか？

STEP1

トレード画面「トラリピ管理表」を開き、取り消したいトラリピの「変更/取消」をクリックする

STEP2

「トラリピ取消」をクリックする

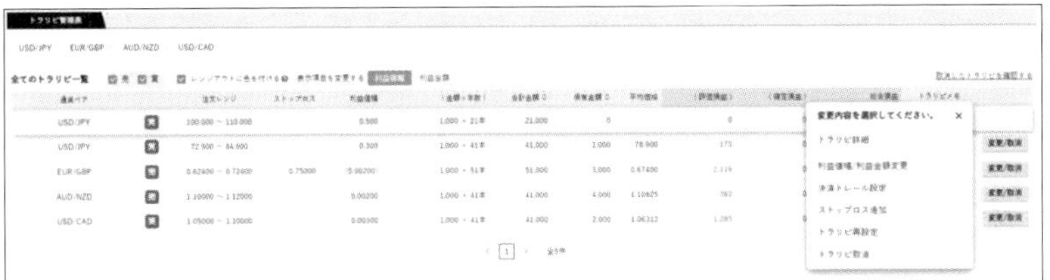

STEP3

確認メッセージが表示されるので、「理解したので、もう表示しない」にチェックを入れ、「トラリピ取消へ進む」をクリックする

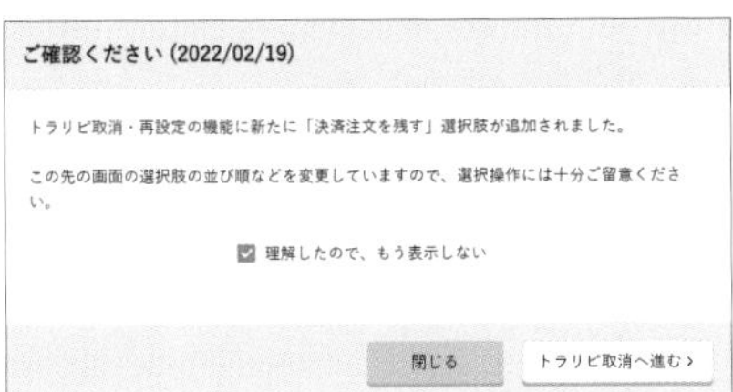

STEP4

ポジションについての選択画面が表示されるので、3つから1つを選択し、「確認画面に進む」をクリックする

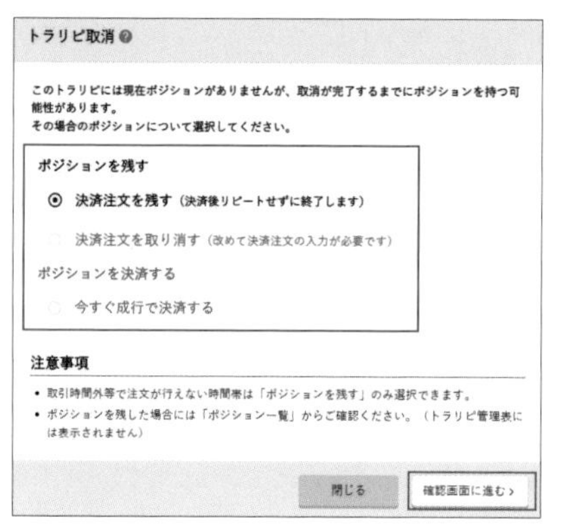

ここでは例として「ポジションを残す・決済注文を残す」を選択しています

「ポジションを残す・決済注文を残す」

:決済注文有りの通常ポジションとして残ります。決済後は注文がリピートせずに終了します。

「ポジションを残す・決済注文を取り消す」

:決済注文のない通常ポジションとして残ります。別途お客様ご自身で決済注文を入力いただく必要がございます。

「ポジションを決済する・今すぐ成行で決済する」

:ポジションを成行で決済し、損益が確定されます。

STEP5

内容を確認し、「取消実行」をクリックする

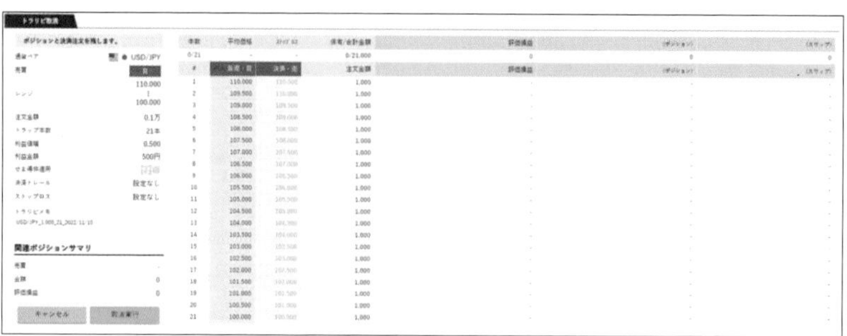

口座状況の用語説明・計算式

Q.「口座状況」の用語の意味を教えてください。

口座状況　証拠金維持率：3,180%　実質レバレッジ：0.79倍　入金する　> 資産推移を見る

預託証拠金	受渡前損益	評価損益	(ポジション)	(スワップ)	有効証拠金	(必要証拠金)	(発注証拠金)	総必要証拠金	発注可能額	出金可能額	出金予約額
9,871,004	0	-120,328	-120,555	+227	9,750,676	306,585	171,513	478,098	9,272,578	9,272,351	0

預託証拠金	口座の残高。 ※ 取引により実現した損益が反映されます。
受渡前損益	預託証拠金に反映される前の確定損益。 (原則として確定損益は決済されてから2営業日後(米ドル/カナダドルは1営業日後)に預託証拠金に反映されます。)
評価損益	未確定の損益。
ポジション	保有ポジションに対する、未実現の損益。
スワップ	保有ポジションに対して発生し累積しているスワップ損益。 ※ポジションの決済もしくはスワップ振替により預託証拠金へ反映されます。
有効証拠金	口座の時価残高。 ※保有ポジションをすべて決済した場合に口座に実現する目安です。 ポジションを決済しても有効証拠金自体は変わりません。 【預託証拠金+評価損益+受渡前損益】
必要証拠金	現在の保有ポジションに対して必要な金額。 【取引レート×ポジション数×証拠金率(4%)】 ※リアルタイムレートにより変動します。 ※同一通貨ペアにて売り・買い両方のご注文がある場合、どちらか高いほうのポジション量で算出されています。 ※売りポジションならAskレート、買いポジションならBidレートで計算します。 ※円換算するときはAskレートをかけます。 (例：AUD/NZDならNZD/JPYのAskレートをかけます。) ※法人口座の証拠金率は当該計算式とは異なります。詳しくはマネースクエアのホームページをご覧ください。
発注証拠金	未成立の注文がすべて成立したと仮定した場合に必要な金額。注文の成立に応じて増減します。 【注文価格×注文数×証拠金率(4%)】 トラリピの場合、注文価格=レンジの平均価格(中央値)。通常注文の場合、取得価格。 ※同一通貨ペアにて売り・買い両方のご注文がある場合、どちらか未成立の注文量が高いほうで算出されています。
総必要証拠金	必要証拠金と発注証拠金を合計した金額。 ※同一通貨ペアにて売り・買い両方のご注文がある場合は、保有ポジションと未成立の新規注文を含めて、売りもしくは買いどちらか高いほうのみが適用されるため、「必要証拠金と発注証拠金を合計した金額」と「総必要証拠金」が一致しない場合があります。

発注可能額	有効証拠金のうち、取引に使っていない余剰の金額。 【有効証拠金−総必要証拠金−出金予約額】
出金可能額	出金できる金額。※ポジションを保有している場合、出金により証拠金維持率が低下しますのでご注意ください。
出金予約額	出金予約をされている金額。
証拠金 維持率	ロスカットに対するリスクの程度。 ※100%を下回るとロスカットが執行されます。この数値が大きいほど口座内の余力があることを表します。 【有効証拠金÷必要証拠金×100 】
実質 レバレッジ	資金に対して実質何倍の取引をしているのかを表す。 【取引総量÷有効証拠金】 or 【2500÷証拠金維持率(%)】

ロスカット

Q.ロスカットになったとき、口座にはどれくらいの金額が残りますか？

A.証拠金維持率が100%を下回ったとき、強制的に損失を確定・決済させるシステムです。

ロスカットになると残高がゼロになるわけではありません。「有効証拠金＝必要証拠金の状態が証拠金維持率100%」を下回るとロスカットになるため、必要証拠金を少し下回る金額が残高として残ります。

※ロスカットは損失の限定を保証するものではありません。相場状況により預けた資産以上の損失が発生する可能性がありますのでご注意ください。

トラリピ向きテクニカルチャート

Q.トラリピを設定する際に参考になるテクニカルチャートはありますか？

A.エンベロープとATR。

・レンジの参考になるテクニカルチャート：エンベロープ（移動平均線を中心として上下に一定の間隔（乖離率）だけ離れた位置を線（乖離線）で結んだもので、価格が移動平均線からどの程度離れたかを見るために用いる）

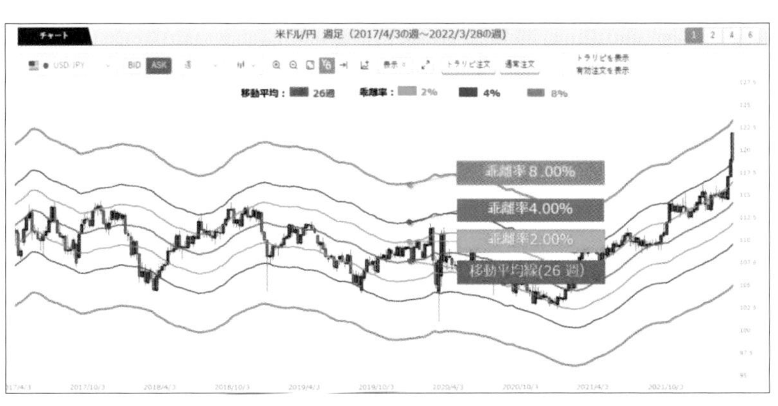
米ドル/円 週足（2017/4/3の週～2022/3/28の週）
移動平均：26週 乖離率：2% 4% 8%
乖離率8.00%
乖離率4.00%
乖離率2.00%
移動平均線(26週)

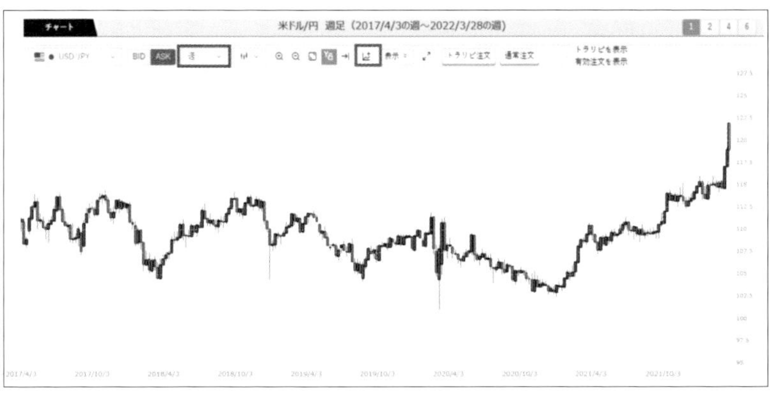
米ドル/円 週足（2017/4/3の週～2022/3/28の週）

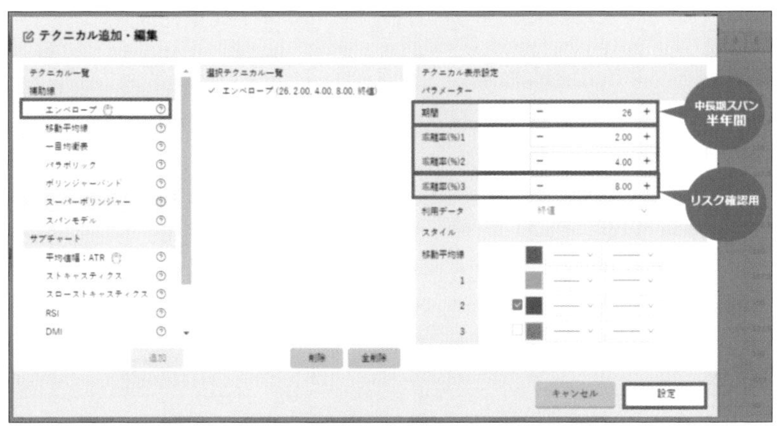
テクニカル追加・編集
中長期スパン
半年間
リスク確認用

・トラップ値幅・利益値幅の参考になるテクニカルチャート：ATR（相場の価格変動率（ボラティリティ）を分析する指標）

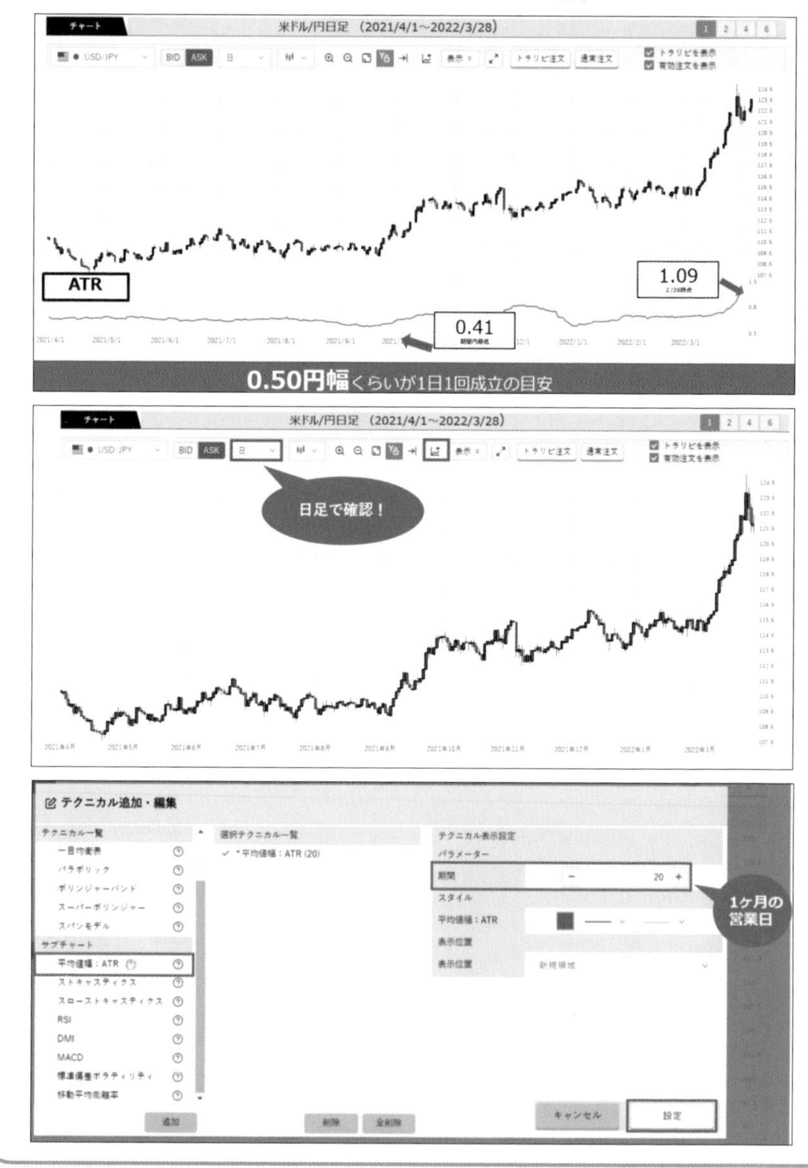

おわりに

『トラリピ運用の教科書 入門編』は以上になります。最後までお読みいただき、ありがとうございました。
本書を読み終えて、トラリピ運用を始めるための十分な知識を得られたと思います。

「トラリピってこんなにいいものなのに、なんで広まってないんですか？」

これは本書の冒頭で紹介した、あるトラリピユーザーからの言葉でした。
本書を読み終え、皆さんもこのように感じていただけたでしょうか？

トラリピは2010年に特許を取得して誕生して以来、これまで多くの方の資産運用を支えてきました。
最後まで読み進んでいただいた皆さんがトラリピ運用に魅力を感じ、少しでも興味を持っていただけましたら、ぜひネットで「マネースクエア」「トラリピ」と検索してみてください。
この本が皆さんの取引に役立ち、豊かな人生をお送りする一助となりましたら幸いです。

トラリピ運用の教科書　入門編

発行日　2023年1月26日　初版第1刷発行

著者　エンスパ編集部
発行者　小池英彦
発行所　株式会社　扶桑社
〒105-8070
東京都港区芝浦1-1-1　浜松町ビルディング
電話　03-6368-8875（編集）
03-6368-8891（郵便室）
http://www.fusosha.co.jp/

装丁　中西啓一
本文デザイン　秋元真菜美（志岐デザイン事務所）
DTP制作　加藤祐介
イラスト　はんぶはんたろー
印刷・製本　タイヘイ株式会社 印刷事業部

ISBN 978-4-594-09397-6